Gerência geral: Adamir Ferreira (Gerente Geral DAVI)
Tatiana Ferreira (Departamento Infantil)
Projeto editorial: Ana Carolina Nascimento
Preparação e revisão: Martina Reis
Texto: Sarah Sabará e Pe. Francisco Amaral
Capa: Estevão Rozetti
Ilustração: Estevão Rozetti, Reinaldo Batista e Thiago André
Pintura digital: Ariany Lopes, Estevão Rozetti e Bruna Marinho
Diagramação: Ariany Lopes
Direção Artística: Tatiana Ferreira
Revisão Teológica: Pe. Francisco Amaral

Este livro segue as regras da Nova Ortografia da Língua Portuguesa.

Editora Canção Nova
Rua João Paulo II s/n - Alto da Bela Vista
12630-000 Cachoeira Paulista - SP
Telefax: [55] (12) 3186-2600
E-mail: editora@cancaonova.com
vendas@cancaonova.com
Home page: http://editora.cancaonova.com
Twitter: @editoracn
Todos os direitos reservados.
ISBN: 978-85-9463-157-2

© EDITORA CANÇÃO NOVA,
Cachoeira Paulista, SP, Brasil, 2024

SUMÁRIO

Instruções **04**
Mural da Verdade **06**
Capítulo I (Em Maria) **08**
    Em Maria **10**
    Por Maria **12**
    Tesouro do Senhor **14**
    Família Sobrenatural **16**
    Filhos de Maria **18**
    Quem quer ser Santo? **20**
    Mil Graças a Maria **22**
    Rainha dos Corações **24**
    Escada para o Céu **26**
    Tesoureira das Graças **28**
    Perfeição Particular **30**
    A Obra-Prima **32**
    Demônio X Maria **34**
    Os Últimos Apóstolos **36**
Capítulo II (As 5 Verdades desta Devoção) **38**
Capítulo III (Verdadeira X Falsa Devoção à Virgem Maria) **52**
Capítulo IV (Perfeita Devoção) **66**
Capítulo V (Por que fazer esta Consagração?) **78**
Capítulo VI (A Casa de Maria) **84**
Capítulo VII (Efeitos Incríveis desta Devoção em uma Alma Fiel) **98**
Capítulo VIII (Hora das Práticas) **104**
Orações **118**

INSTRUÇÕES

*Que alegria ter você aqui!
Vamos nos consagrar à Virgem Maria!!!*

Passo a Passo:

1º- Peça a um adulto para ler com você este livro, JUNTO ao livro original, "Tratado da Verdadeira Devoção à Santíssima Virgem" de São Luís Maria Grignion de Montfort.

2º- Escolha um dia dedicado a Nossa Senhora para se consagrar.

3º- Faça as orações de preparação durante 30 dias, antes da consagração (estará no Capítulo VIII).

4º- Use um sinal discreto de sua escolha: pulseira (cadeia) com medalha, anel, colar etc.

São Luís Maria Grignion de Montfort, Rogai por nós!

NO DIA DA
Consagração

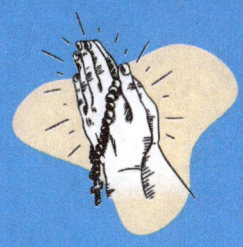

1º- Confessar-se antes, para estar em estado de Graça.

2º- No dia da consagração, ir à missa (se possível).

3º- Oferecer um presente a Jesus e Maria como: jejum ou penitência ou obra de caridade.

4º- Ler e assinar a fórmula da Consagração que se chama "Consagração de si mesmo a Jesus Cristo, a Sabedoria encarnada, pelas mãos da Virgem Maria" (pode imprimir ou escrever à mão).

5º- Renovar todos os anos, na mesma data (repetir as orações dos 30 dias preparatórios antes de toda renovação).

FÓRMULA DA CONSAGRAÇÃO PARA IMPRIMIR

Mural da VERDADE

1. Foi através de Nossa Senhora que Jesus veio ao mundo e é através Dela que Ele reina no mundo.

2. Ela era muito humilde. Ficava em silêncio e oração, e não sentia vontade de ser conhecida pelas pessoas, só por Deus.

3. Deus A escondia para preservá-La.

4. Em vida, Ela não fez nenhum milagre e na Bíblia, Ela só fala o necessário para mostrar Jesus Cristo.

5. Maria é a obra-prima de Deus. Jesus ama tanto Sua Mãe, que A chama de "Mulher" para esconder Sua preciosidade. É a esposa do Espírito Santo, e só Ele entra no coração Dela.

6. Maria é o paraíso e Jesus, o novo Adão. Nela, Deus fez coisas grandes e misteriosas.

7. Os santos amam falar de Nossa Senhora, porque dentro Dela existe uma caridade sem fim.

8. Os anjos, homens e mulheres, e até mesmo os demônios, chamam-Na de "Cheia de Graça e Bem-aventurada", pois a verdade é a única maneira de falar Dela. O Céu inteiro gosta de dizer: "Ave Maria, Santa Maria, Mãe de Deus e Virgem!".

9. Toda a Terra está cheia da presença de Maria. Reinos, cidades, dioceses, catedrais, igrejas. Milagres e curas acontecem com a Sua ajuda. Pecadores confiam Nela e demônios têm medo.

10. Maria ainda não foi louvada, honrada, amada e servida tanto quanto Ela merece. Lembre-se: adoramos somente a Deus!

11. Para glorificá-La, pedimos ao Espírito Santo: "Toda a glória da Filha do Rei lhe vem do interior" (Sl 44,14).

12. O mundo nunca viu tanta beleza quanto a que Maria tem.

13. Jesus não é tão conhecido como deveria, porque Maria não é conhecida como deveria.

14. Foi através Dela que Jesus veio ao mundo, e é através Dela que vamos receber Jesus de novo.

CAPÍTULO I
Em Maria

"Maria é presença discreta. Ela não faz questão de aparecer. Se o Espírito Santo é discreto, Maria parece até que consegue superá-Lo. Foi Nossa Senhora quem formou Jesus. É Ela que Deus escolheu para nos formar também."

Pe. Jonas Abib

EM MARIA

Ah, Maria... A Escolhida de Deus para ser a Mãe de Jesus, a Esposa do Espírito Santo.
Ué, mas... Deus é Deus, e pode fazer o que Ele desejar sem a ajuda de ninguém. Então, por que será que Ele quis precisar de uma jovem menina para trazer a salvação ao mundo?
Porque o mundo não é digno de receber nada, pois é cheio de pecado, e Maria é a única pessoa digna!

• *Como é que Ela não tem pecado, se Ela é humana?*
Deus fez Maria sem pecado! Desde a barriga de Ana, a mãe de Maria, Ela não tinha o pecado original (pecado de Adão e Eva). E quando o Anjo Gabriel convidou Maria para ser a Mãe de Jesus e Ela disse: "FAÇA-SE EM MIM", Deus deu para Maria todas as Suas Graças, para que Ela usasse como Ela quisesse.

O amor de Deus por Maria é tão grande que A deixou um pouco escondida.
• *Como assim?*
Bem, quando lemos a Bíblia, dá para ver que Maria fala poucas palavras, e vive sempre em silêncio e oração.
• *Mas por quê?*
Porque Maria é muito humilde e não se importa em aparecer. Ela só quer que Deus apareça e seja conhecido e amado.
Maria é Filha de Deus Pai, Esposa de Deus Espírito Santo e Mãe de Deus Filho.
Jesus aprendeu TUDO com Ela. Ela deu "mamá" para Ele, ensinou a andar, a falar, a brincar, a amar e a rezar. Jesus, que é Deus Filho, fez-se pequeno, obediente e submisso à Virgem

Maria, e por isso nós também vamos ser educados na Escola da Virgem Maria.

ESCOLA DA Virgem Maria

Desenhe aqui **Você**, **Jesus** e **Maria.**

POR MARIA

Todas as graças que recebemos de Deus passam pelas mãos de Nossa Senhora. Ela é tão, mas tãaao humilde, que Deus não resiste quando Ela pede algo, porque tudo o que Maria faz está dentro da vontade de Deus. Todos os santos alcançaram a Graça de Deus através de Nossa Senhora. E quem é que pode fazer parte do povo, do exército de Maria?

VOCÊ!

Sim! Você pode ser Santo(a)! Por isso, vamos nos consagrar a Maria, para aprendermos na escola Dela, como fazer tudo dentro da vontade de Deus.
Muitas pessoas acreditam em Deus, mas não ligam para Maria, e dizem que Ela não é ninguém, que Ela é "só a Mãe de Jesus".

Que triste... *Se eles não amam Maria como Mãe, nunca saberão amar a Deus como Pai de verdade.*

Maria é Mãe de Deus e Mãe da Igreja, pois Deus A fez assim! Ele A fez sem pecado, porque Jesus, que é Deus Filho, não poderia nascer de uma mulher manchada pelo pecado.
Maria é a criatura mais perfeita criada por Deus aqui na Terra, e precisamos buscar ser como Ela: cheios de virtudes e dons de Deus.

ESCOLA DA
Virgem Maria

Ligue as informações à imagem correta

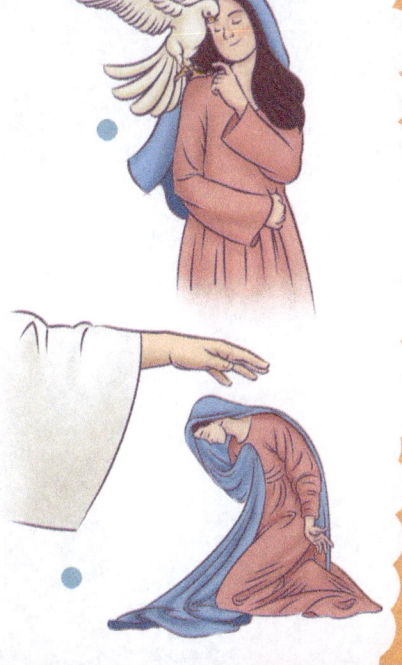

Deus Pai e Maria
Maria é filha, é pequena perto da Sua majestade.

Deus Filho e Maria
Ela é o novo Paraíso e Ele, o novo Adão. Ela é Mãe, e através Dela a salvação chegou ao mundo.

Deus Espírito Santo e Maria
São esposos e juntos deram vida a Jesus e a todos os cristãos.

TESOURO DO SENHOR

Os santos gostam de dizer que Maria é o Tesouro do Senhor, porque:

• Deus Pai juntou todas as águas e chamou-as de mar, juntou as Suas graças e chamou-as de Maria.

• Deus Filho fez de Maria a administradora de todas as Suas graças. Ela é o canal misterioso, é o cano que Ele usa para distribuir Sua misericórdia.

• Deus Espírito Santo deu a Maria todos os seus dons e virtudes, e o direito de distribuí-los a quem quiser, quanto quiser, como e quando quiser. Tudo chega a nós através das mãos de Maria.

ESCOLA DA
Virgem Maria

Vamos pintar?

FAMÍLIA SOBRENATURAL

No Céu, Jesus continua sendo filho de Maria e Ele não resiste quando Ela pede alguma coisa, porque tudo o que Ela faz está dentro da vontade de Deus.

Deus Pai deu a Maria a missão de encher o Céu de Santos para ocuparem o lugar dos anjos caídos que seguiram a Satanás para o inferno e deixaram seus lugares vazios.

Por isso, Maria continua sendo Mãe no Céu, pois Ela gera filhos, gera santos para o Paraíso, para Deus. Por este motivo, Ela pode dar ordens aos anjos e santos.

ESCOLA DA
Virgem Maria

Nossa Senhora está ajudando as crianças a chegarem ao Céu, e para isso, deixou flores no caminho como pistas. Ajude as crianças a chegarem no Paraíso pelo caminho das flores.

FILHOS DE MARIA

Jesus é O filho de Maria, mas depois Dele, nós também somos, porque somos todos filhos de Deus, e como Maria é Esposa do Espírito Santo (que é Deus), então também somos filhos Dela.

Se alguém falar mal de Nossa Senhora perto de você ou falar que não somos filhos Dela, diga para a pessoa:

Entenda:
- Jesus é o chefe da Igreja, ou seja, é a cabeça.
- Nós somos parte dessa Igreja, ou seja, o corpo.
- Não tem como uma mãe dar à luz só a cabeça sem o corpo.

Então, somos todos Filhos de Maria!

ESCOLA DA
Virgem Maria

Ligue os pontos e descubra a imagem que irá surgir, depois pinte bem bonito.

QUEM QUER SER SANTO?

Jesus, Deus-homem, nasceu do Espírito Santo em união a Maria. E é assim que os Santos nascem também. Quando o Espírito Santo encontra em uma pessoa um amor e união muito grande com Maria, Ele a ama de tal maneira que cria formas mais profundas de fazê-la Santa!

Então, para sermos santos precisamos amar e ser fiéis a Nossa Senhora, assim como ela ama e é fiel a Jesus, pois através Dela vamos aprender a ser santos.

Quem quer ser santo diga:

EU!!!

ESCOLA DA
Virgem Maria

Assista ao vídeo do QRCODE, reze com a Tia Adelita e depois escreva aqui o que mais chamou a sua atenção.

REZE COM A TIA ADELITA AQUI

MIL GRAÇAS A MARIA

Você já parou para pensar que todos os dias milhares de pessoas rezam o terço? E milhares de vezes, é dito *"Bendito o fruto do Teu ventre"*. Isso quer dizer que, todos os dias, glorificamos a Deus por Maria ter gerado Jesus na Sua barriga. Mil Graças a Maria, porque sem Ela, nós não teríamos Jesus!
Sem Maria, nós não seríamos formados e transformados por Jesus, que vem morar em nosso corpo através da Eucaristia.
Que feliz ensinamento! Vamos nos alegrar junto a Maria por tão grande Graça!

Vamos dizer juntos:

"Alegrai-vos, Virgem Maria, alegrai-vos mil vezes!"

ESCOLA DA
Virgem Maria

Vamos pintar!

Nossa Senhora está muito feliz com nosso caminho para a consagração. Você já rezou o terço hoje? Chame sua família e seus amigos para rezar, e a cada Ave-Maria, pinte uma bolinha do terço.

RAINHA DOS CORAÇÕES

Jesus é o Rei do Céu e da Terra por natureza (nasceu assim) e conquista (com Sua vida conquistou).

Maria é a Rainha do Céu e da Terra pela Graça que Deus deu a Ela. Ou seja, Deus ama tanto Maria, que deu esse lugar de *Rainha* de graça.

A palavra de Deus diz **"O Reino de Deus está no meio de vós"** (Lc 17,21), então, isso quer dizer que esse reinado acontece dentro de nós, na nossa alma e no nosso coração.

Por isso, podemos chamar Maria de *Rainha dos Corações.*

Tratado da Verdadeira Devoção à Santíssima Virgem para Crianças

ESCOLA DA
Virgem Maria

Ajude os Anjinhos a acharem nesta página a coroa de Nossa Senhora.

ESCADA PARA O CÉU

Certa vez, São Francisco contou que em um êxtase viu uma escada bem grande que chegava lá no Céu. E no topo dela, estava Nossa Senhora. Uau! Aí, ele entendeu que a Virgem Maria coloca uma escada para a gente conseguir chegar no Céu.

Existe uma historinha que é contada para explicar como Nossa Senhora nos ajuda.

"Certo dia, Jesus estava passeando no Céu e viu muitas pessoas chegando lá. Ele achou estranho porque essas pessoas não estavam na lista. Então, Jesus foi falar com São Pedro (que tem as chaves do Céu).

• Pedro, - disse Jesus - de onde estão vindo essas pessoas? E Pedro respondeu;

• Eu não sei, Jesus… Elas não passaram pela porta principal. Jesus saiu pensativo.

No outro dia, aconteceu a mesma coisa, e lá foi Jesus perguntar a Pedro de novo. Mas dessa vez a resposta dele foi diferente.

• Pedro, - disse Jesus - de onde estão vindo essas pessoas? E Pedro respondeu:

• Ah! Pergunta para a Mamãe, olha só a janela.

Então, Jesus olhou e viu que Nossa Senhora havia jogado Seu terço pela janela do Céu, e as pessoas estavam escalando as bolinhas, como uma escada, e por isso conseguiam chegar no Paraíso."

Como é importante rezar o terço todos os dias! Maria é a escada, o atalho mais certo para chegarmos ao Céu.

ESCOLA DA
Virgem Maria

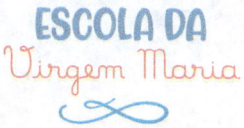

Desafio:
Reze o terço todos os dias, por 30 dias, e peça à Virgem Maria uma graça que sua família precisa. E pinte o desenho:

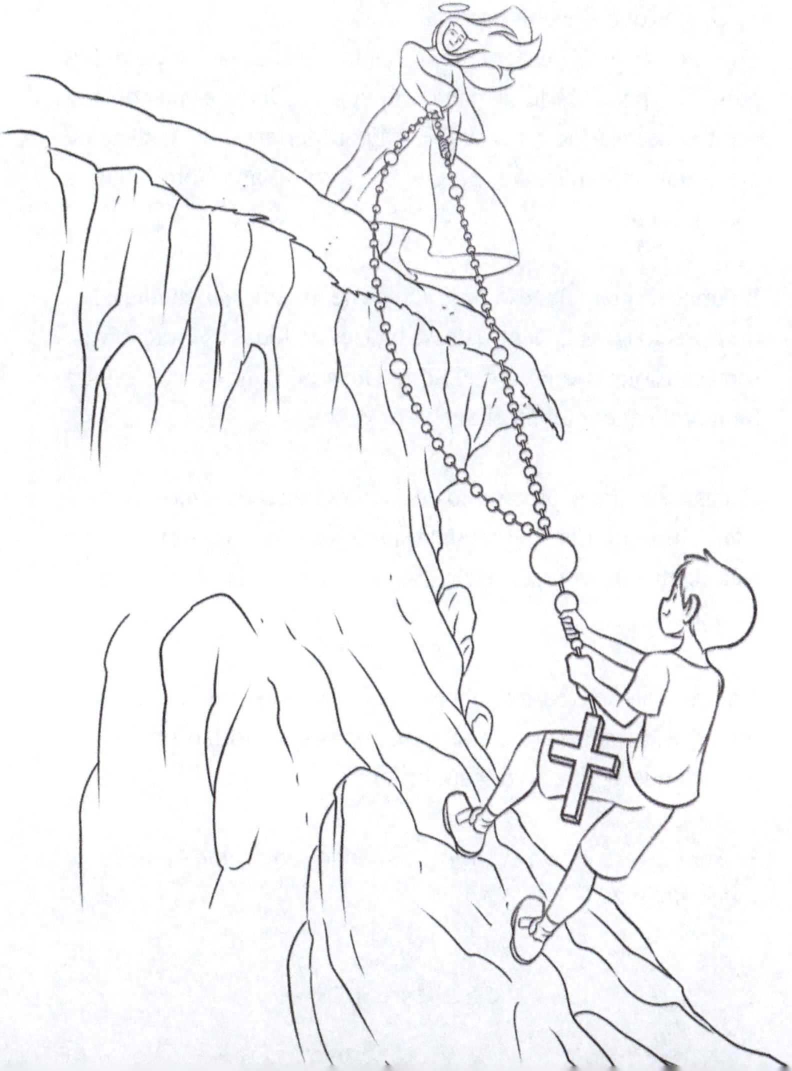

TESOUREIRA DAS GRAÇAS

> **Significado:**
> **Tesoureira** - *Pessoa que administra o dinheiro e/ou os bens de outra pessoa.*

Deus Pai deu para Nossa Senhora esta tarefa: administrar todas as Graças que Ele tem para dar.

Quando o Anjo Gabriel cumprimentou Maria, ele se encantou com Ela, pois Maria já tinha a Graça de Deus, e quando Ela aceitou ser a Mãe de Jesus, Ela ficou derramando Graças de Deus por onde passava, porque o Espírito Santo tomou conta Dela todinha.

Imagine um baú de tesouros, cheios de moedas, medalhas, pedras preciosas etc. Dentro desse baú, estão todas as Graças (que são os tesouros e presentes) que Deus pode nos dar, e Nossa Senhora é quem tem a chave!

Por isso, quando precisamos de uma Graça, devemos pedir a Maria, porque Ela irá perguntar para Deus com muito amor se está dentro da vontade Dele. Se estiver, Ela abrirá o baú para a gente.

Na aparição de Nossa Senhora das Graças a Santa Catarina Labouré, Ela tinha vários anéis nas mãos que brilhavam muito. Mas alguns anéis não tinham brilho.

Santa Catarina perguntou: *"Por que tem alguns anéis que não brilham?"*.

Nossa Senhora respondeu: *"Essa luz e brilho são as Graças que tenho para dar, mas os que não brilham são as Graças que ainda ninguém me pediu".*

Pinte o desenho

Isso quer dizer que Nossa Senhora está SEMPRE dentro da vontade de Deus. E por isso, quando precisamos de alguma coisa, basta pedir a Maria e Ela irá pedir a Seu Filho Jesus.

Quando nós pedirmos algo e não for realizado, existem duas possibilidades:
   1. Não é a vontade de Deus.
   2. Ainda não é o tempo certo para acontecer.

Por isso, é importante ter intimidade com Nossa Senhora e o Espírito Santo, pois Eles nos ajudarão a desejar coisas que são da vontade de Deus!

PERFEIÇÃO PARTICULAR

Quando chegar o fim dos tempos, vão existir Santos que o mundo nunca viu! E eles vão ter TODA a ajuda e o auxílio da Virgem Maria.

Nossa Senhora irá:

- iluminar o caminho;
- alimentá-los com Seu leite;
- sustentá-los com Seu braço;
- protegê-los com Seu manto.

E assim, eles irão combater o inimigo de Deus e ajudar o povo mais sofrido.

Imagina só! Se nós, pecadores que somos, precisamos de Maria para sermos santos, ainda mais os que já serão Santos precisarão Dela para serem fiéis à missão que foi confiada a eles.

Eles têm um tipo de Perfeição Particular, são escolhidos por Deus para serem instrumentos de salvação no meio de nós.

Não sabemos quando será isso, mas precisamos nos preparar. Já pensou: "E se for a gente?". Precisamos estar preparados para cumprir a missão.

A OBRA-PRIMA

Nesses últimos tempos, Deus quer revelar Sua Obra-Prima! No tempo de Jesus, Maria ficou escondida, agora Ele quer fazer Maria mais conhecida e amada, para que através Dela, Jesus seja mais conhecido e amado.
Deus quer revelar Maria, porque...

OS 7 PORQUÊS

1. Porque ela se escondeu com tanta humildade que até os Apóstolos quase não escreveram sobre Ela.
2. Porque ela é obra-prima de Deus na Terra pela Graça, no Céu pela Glória, e por isso Ele quer que, por Ela, as pessoas O louvem e glorifiquem em toda a Terra.
3. Porque Ela é como a luz que anuncia: "O Sol já nasceu". Ela deve ser conhecida para que Jesus também seja.
4. Porque foi através Dela que Jesus veio ao mundo, e também será por Ela que Jesus voltará, pois Ela nos prepara para isso.
5. Porque Ela é o caminho mais seguro e sem erro para chegar até Jesus. Quem não procura, não acha, e ninguém deseja algo que não conhece, por isso, é preciso conhecê-La e fazer com que mais pessoas A conheçam.
6. Porque o mundo precisa Dela, e Ela deve brilhar em:
- Misericórdia: para receber de volta quem saiu do caminho;
- Força: contra os inimigos de Deus;
- Graça: para animar, sustentar quem continua no caminho e é perseguido pelos inimigos de Deus.
7. Porque o demônio tem feito mais esforço para perder as almas, mas ele e seus seguidores têm medo de Maria.

ESCOLA DA
Virgem Maria

Escreva 7 motivos porque você quer ser de Nossa Senhora:

1. _____
2. _____
3. _____
4. _____
5. _____
6. _____
7. _____

DEMÔNIO X MARIA

Quando Adão e Eva pecaram, Deus disse para a serpente: "Colocarei inimizade entre ti e a mulher, entre a tua posteridade e posteridade dela. Ela pisará na sua cabeça e tu lhe ferirás o calcanhar." (Gn 3,15)

Por isso, o demônio tem raiva de Nossa Senhora. Veja como essa briga funciona:

Demônio	Maria
Ele prejudica as almas com o ódio.	Ela ajuda as almas com o amor.
Perde por orgulho.	Ganha pela Humildade.
Perde por desobediência.	Ganha pela Obediência.
Tem medo da Pureza e Humildade de Maria.	É tão humilde e pura que só faz a vontade de Deus.
Persegue os Filhos de Maria.	Protege os Filhos Dela, que são os mesmos de Deus.

MAS VOCÊ JÁ SABE QUEM GANHA ESSA LUTA, NÉ?

Nos fins dos tempos, o demônio vai tentar mais armadilhas, mas Nossa Senhora tem preparado os santos mais pobres e humildes, que são pequenos e desprezados no mundo, mas são grandes em Graças diante de Deus!

ESCOLA DA *Virgem Maria*

Vamos pintar! Siga a legenda de cores.

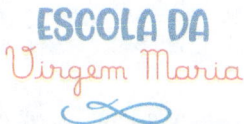

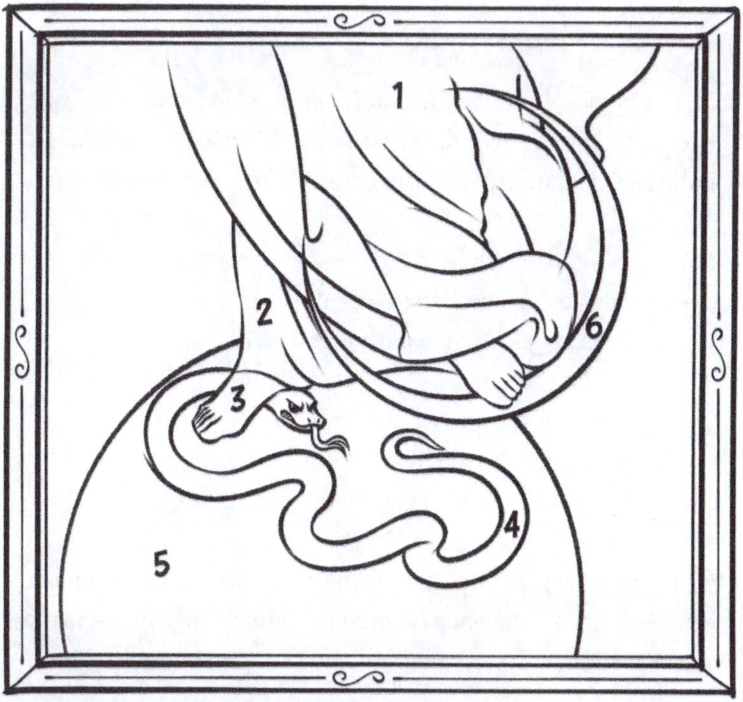

1 2 3 4 5 6

Você conhece essa música? Ela é uma oração pedindo a intercessão de Nossa Senhora contra o inimigo de Deus. Vamos cantar juntos?

MARIA PASSA NA FRENTE

OS ÚLTIMOS APÓSTOLOS

Maria, com toda a graça que tem, escolhe pessoas para serem os Apóstolos do fim dos tempos, como um exército, o Exército de Maria!

Apóstolo = Pessoa enviada

Assim como Nossa Senhora foi, entre os apóstolos de Jesus, exemplo de amor, caridade, silêncio, fidelidade, humildade e pobreza, Ela também ensinará esses Últimos Apóstolos.

Esses Apóstolos/Exército terão:
- Virtudes e dons do Espírito Santo;
- Na boca, a palavra de Deus;
- De um lado, a cruz;
- Do outro, o rosário;
- No coração, os nomes sagrados de Jesus e Maria;
- E vão agir com modéstia e ofertar suas dores.

Eles vão lutar pela Glória de Deus e pela salvação das almas, sem estar apegado a nada do mundo, com o coração desejando somente o Céu.

— Quando isso vai acontecer?

Ninguém sabe! Enquanto isso, vamos nos preparar com oração, silêncio e devoção, pois Maria já está nos educando.

ESCOLA DA
Virgem Maria

Maria te escolheu para fazer parte do Seu Exército. Mas todo soldado precisa treinar para estar pronto para a batalha.

Existem 5 pedrinhas, ou podemos chamar, 5 armas, que precisam estar com a gente sempre. Você sabe quais são?

Se você não sabe, peça ajuda de um adulto para pesquisar quais são as 5 pedrinhas.

1. _____

2. _____

3. _____

4. _____

5. _____

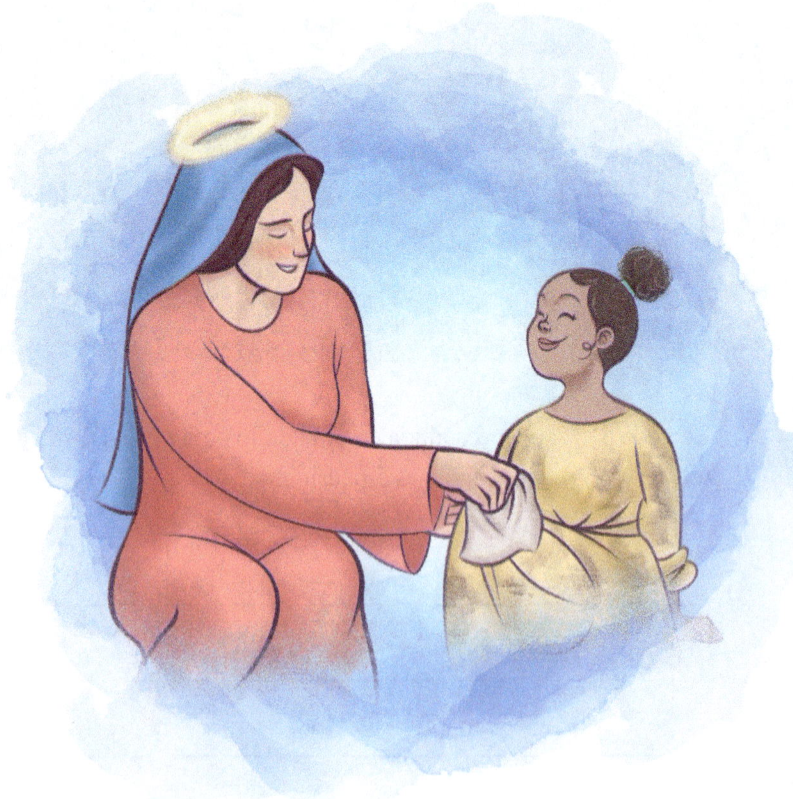

CAPÍTULO II
As 5 Verdades desta Devoção

"Nossa Senhora quer formar Cristo em nós. Ela sabe em que precisamos ser curados e se interessa em retirar todos os entulhos do nosso coração, para que a cura aconteça. Maria tem toda a pedagogia para nos ajudar."

Pe. Jonas Abib

AS 5 VERDADES DESTA DEVOÇÃO

1ª Verdade:

Jesus é o CENTRO desta e de todas as outras devoções que existem. Se Jesus não for o objetivo final, FUJA!
As devoções devem nos tornar mais parecidos com Jesus.

> **JESUS É NOSSO TUDO**
> **JESUS É NOSSO ÚNICO!**

MESTRE
para nos ensinar

CHEFE
para nos unir

MÉDICO
para nos curar

MODELO
para nos moldar

CAMINHO
para seguirmos

PASTOR
para nos alimentar

VERDADE
para acreditarmos

VIDA
para vivermos

ESCOLA DA
Virgem Maria

Encontre, no quadro abaixo, todas as palavras que estão em destaque em volta de Jesus, na página anterior:

```
T I U E D D N S H E E O E T A A P I R N D I
O L H I W D I E N N D H U E E L W I A O E E
V S N I E I M M L D R G Y P S H C W H U Y Y
I T O E E D U A G I B C A R A T O E C S W N
D L F D E N R H G B H P A S T O R O R L O N
A R A I S A E V S R T G P C E U E N N F R D
I I E T U I A D T O N E O T G H N U O X S J
N O M Y C O E R T I V R I A P E M C U U G U
E I É M T A A D C E O A M P A S M K D N R D
H A D M A C A M I N H O F R N S F H F A T O
E T I T R H C I U W F R R S E W M H B A E O
E T C A M E S T R E D A A T W D O R N H O R
E O O N I F N U S D N A A V E R D A D E S E
T N A D O E Y Y L R S N T A E D E T D I E R
N H S H H E R O D T V D T R T N L H H R K C
S S I N A P E E O Y P A O V H R O N C C L M
```

AS 5 VERDADES DESTA DEVOÇÃO

2ª Verdade:

"Eis aqui a escrava do Senhor, faça-se em mim segundo a Tua Palavra."

Maria se fez escrava por amor a Deus, e nós estamos nos fazendo escravos por amor Dela, logo somos inteiramente de Deus!

Escravo ≠ Servo

Escravo	Servo
Pertence ao Senhor para sempre.	Serve por um tempo determinado.
Não tem salário.	Tem salário na Terra.
Dá tudo o que tem ao Senhor.	Guarda coisas para si.

Assim, somos como:

1. Árvores na beira do Rio da Graça, que dão frutos, cada um ao seu tempo.
2. Galhos de uma videira (Jesus), e que irá produzir uvas boas.
3. Ovelhas no rebanho do Pastor Jesus, que alimentam e dão leite.
4. Uma boa terra, em que Deus coloca as sementes que crescem e dão frutos.

Antes de sermos batizados, somos escravos do pecado, do inimigo de Deus. Depois do Batismo, tornamo-nos escravos por amor a Deus, que nos dá tudo o que precisamos para darmos frutos bons!

Quando fazemos a consagração a Nossa Senhora, decidimos usar nossa liberdade humana para sermos escravos Dela, por amor. Assim, produzimos frutos bons para Jesus!

AS 5 VERDADES DESTA DEVOÇÃO

3ª Verdade:

Precisamos tirar tudo o que é mau, toda sujeira que existe no nosso coração.

O pecado de Adão e Eva (chamado "pecado original") deixou uma marca no nosso corpo e por isso a gente faz coisas ruins, mesmo sem querer. E para arrumar isso, precisamos da ajuda de Nossa Senhora, porque Ela não tem pecado algum!

Imagine uma roupa cheia de manchas, essas manchas são os pecados que a gente fez, mas aí Nossa Senhora tem um supersabonete, o SABONETE DA PUREZA! E com Suas Graças, Ela nos ajuda a limpar e tirar essas manchas do pecado da nossa roupa, do nosso coração.

ESCOLA DA
Virgem Maria

Hora do exame de consciência!

Neste momento, você irá pensar em todos os pecados que deixam sua roupa suja. Escreva num pedaço de papel os seus pecados e imperfeições. Depois, reze e peça a ajuda de Nossa Senhora para que esses pecados não estejam mais em sua vida.

Agora, é só procurar um padre e confessar seus pecados!

Segue uma lista para te ajudar a pensar (lembrando que isso é só uma ajuda, você pode escrever outras coisas que não estão aqui).

- Tenho rezado as minhas orações?

- Tenho ido à Missa aos Domingos?

- Brinco ou faço zoeira com o nome de Deus, da Igreja ou de orações?

- Ajudei lá em casa?

- Fui obediente aos meus pais e professores?

- Agi com respeito com meus pais e os mais velhos?

- Dou atenção à minha família ou só quero fazer as minhas vontades na hora que eu desejo?

- Fui egoísta ou não tratei com carinho os meus pais e os meus irmãos?

- Partilho os meus brinquedos com as outras crianças?

- Fui impaciente? Fiquei irritado(a) ou fui invejoso(a)?

- Estou distraído(a) e perco tempo durante as aulas, a missa e as orações?

- Colei nas provas?

- Magoei alguém, falando mal dessa pessoa a outros?

- Menti? Briguei? Roubei alguma coisa? Parti ou estraguei alguma coisa dos outros?

- Pequei contra a castidade?

- Sou capaz de assumir a verdade e as suas consequências? Tenho sido humilde?

- Fui preguiçoso(a)?

Obs.: Use também os 10 mandamentos para te ajudar a pensar.

ESCOLA DA
Virgem Maria

Use este espaço para escrever seu ato de contrição ou exame de consciência.

AS 5 VERDADES DESTA DEVOÇÃO

4ª Verdade:

Precisamos de um mediador (uma pessoa que fique no meio), um advogado.

Explicando - Imagine um rei. Ninguém pode chegar perto dele sem passar pelos portões e depois, pelos amigos próximos do rei. Com a gente também é assim. Como uma escada:

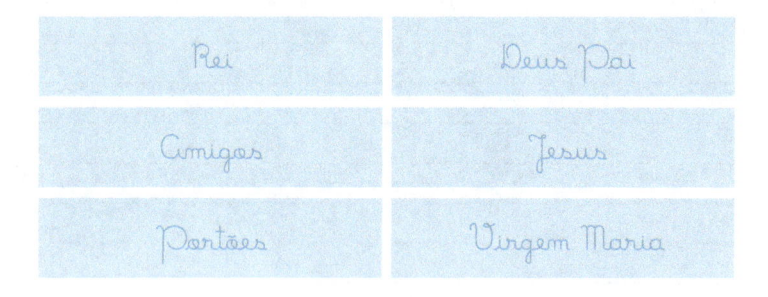

Rei	Deus Pai
Amigos	Jesus
Portões	Virgem Maria

A Virgem Maria nos leva a Jesus, e Jesus nos leva a Deus Pai.

São Bernardo e São Boaventura dizem que não existe no mundo alguém que tenha pedido algo para a Virgem Maria, com humildade, confiança e perseverança, que não tenha ganhado a ajuda Dela.

Tratado da Verdadeira Devoção à Santíssima Virgem para Crianças

ESCOLA DA
Virgem Maria

Pinte cada degrau que contém uma oração ou devoção mariana, pois são esses degraus que te levarão a Jesus.

AS 5 VERDADES DESTA DEVOÇÃO

5ª Verdade:

Sozinhos, fica muito difícil guardar o tesouro que recebemos de Deus. Sozinhos, somos como um vaso de barro que quebra facinho. Por isso:

• Precisamos de Nossa Senhora porque Ela é um baú de ferro, que não se quebra, e preserva o tesouro lá dentro.

• Precisamos de Nossa Senhora porque os demônios são como ladrões que querem roubar o tesouro que não está guardado pela Virgem Maria.

• Precisamos de Nossa Senhora porque o mundo está cheio de tempestades e piratas que querem fazer nosso barco afundar. E Nossa Senhora é a única que o inimigo não conseguiu confundir.

ESCOLA DA
Virgem Maria

Escreva abaixo: quais são os tesouros que você quer que Nossa Senhora guarde para você?

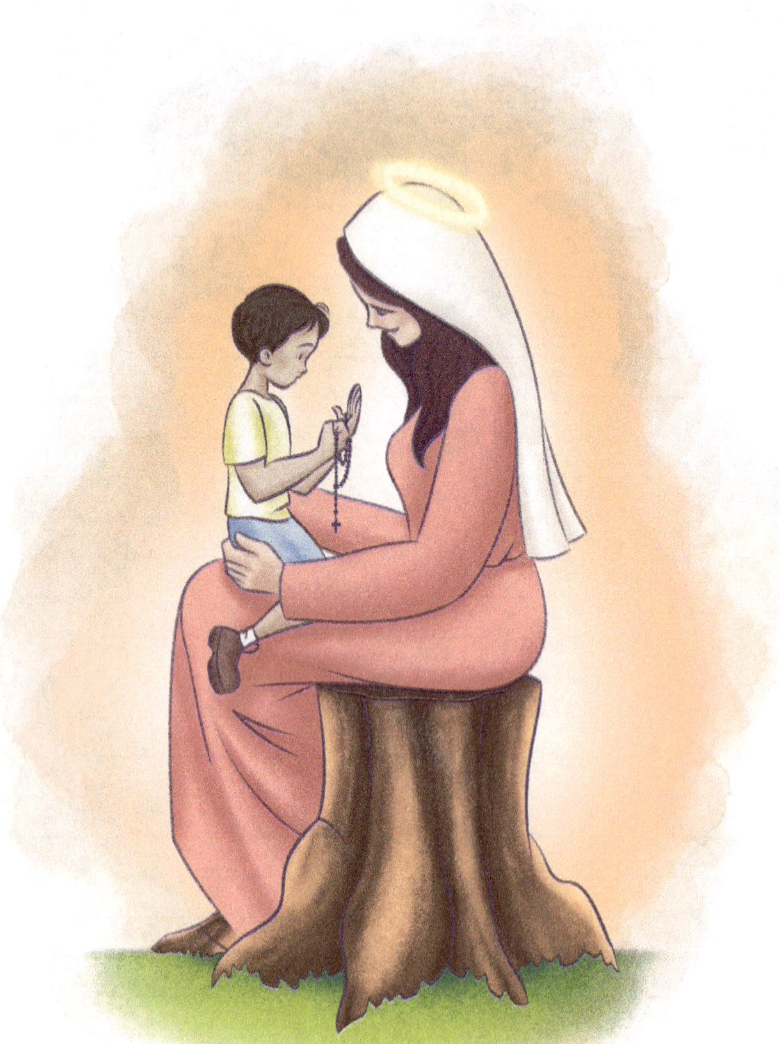

CAPÍTULO III
Verdadeira X Falsa Devoção à Virgem Maria

"O essencial é manter viva a chama da devoção a Nossa Senhora. Rezar o rosário é um meio excelente para isso. Foi Nossa Senhora quem formou Jesus. É Ela que Deus escolheu para nos formar também."

Pe. Jonas Abib

VERDADEIRA X FALSA
Devoção à Virgem Maria

O inimigo de Deus faz de tudo para estragar as devoções verdadeiras. Isso faz a gente rezar achando que está certo, mas na verdade, não estamos com o coração inteiro na oração.

Falsa devoção
1. Devotos críticos
2. Devotos escrupulosos
3. Devotos exteriores
4. Devotos presunçosos
5. Devotos inconstantes
6. Devotos hipócritas
7. Devotos interesseiros

Verdadeira devoção
1. Interior
2. Terna
3. Santa
4. Constante
5. Desinteressada

ESCOLA DA
Virgem Maria

Encontre as palavras que estão em destaque
no quadro de falsa e verdadeira devoção.

```
N H U H W R F A B I O S I B M B D G E S U E
W S S D H S N N O C V W B N D F E S W E O M
A C T O D O C U O D M E B H I O U O C D E G
T O E E T E O N O H I T T G H W V L D E G N
N N L I I D C Z A I A H A K E E M E A S I A
I S A A N I S P D T R I T Y H F E T E U R D
T T N R R N P R W S C R Í T I C O S I N E O
S A D W N T H I A E H E P E P L R T S H D O
A N A R T E W G F E V R F N Ó G O A T O I A
A T T N U R I E E L M T E O C Y I O D C Y G
G E T U F I O P E D I R S O R K S A S E C A
D I O W W O A V R R P T O O I T A E N H T E
M A D A S R I O M E O U E O T T E D T O R E
P E A D U R P I E C T E R N A S W D R E E U
F O E F P R E S U N Ç O S O S H N A H O T A
L E H R T U E A N T P G E I T H V I Y I H E
```

VERDADEIRA X FALSA
Devoção à Virgem Maria

Falsa Devoção
1. Devotos Críticos
Criticar = analisar, julgar algo ou alguém de um jeito bom ou ruim

Sabe aquelas pessoas que até são devotas de Nossa Senhora, mas ficam olhando para quem reza ajoelhado, ou reza várias orações de Maria, e começam a falar:
"São exagerados, não sabem ser devotos como deveriam."?
Então, essas pessoas deixam Nossa Senhora muito triste porque criticam demais, e ficam cegas, não veem a beleza da devoção.

2. Devotos Escrupulosos
Escrúpulo = tem um cuidado exagerado, muito grande, mais do que precisa e por isso faz ou deixa de fazer com medo exagerado

São pessoas que têm muito medo de diminuir Jesus honrando Sua Mãe Maria. Eles não gostam de ouvir elogios para Nossa Senhora, porque acham que estão esquecendo de Jesus. Que pena, eles ainda não entenderam a frase: *"Bendita és Tu entre as mulheres e Bendito é o fruto do Teu ventre, Jesus"*. Maria nasceu sem pecado e por isso pôde gerar Jesus, o Filho de Deus no Seu ventre (barriga).

3. Devotos Exteriores
Exterior = parte de fora de algo ou alguém

São pessoas que vivem e rezam só da boca para fora. Vão à missa só por costume e não mudam de vida, rezam terços e novenas só repetindo palavras, sem deixar que elas tenham efeito no seu coração, gostam da aparência de ser uma "pessoa que reza", mas não imitam as virtudes de Maria de verdade.

4. Devotos Presunçosos
Presunção = quem se acha melhor, superior, mais inteligente, vaidoso

São as pessoas que não se esforçam para ter as virtudes de Maria e sair do pecado de verdade, porque acham que ser consagrado a Maria já é suficiente para ter a salvação na hora que morrerem. Eles acham que é só fazer suas orações quando lembrarem, e Deus perdoará na hora que eles precisarem. Isso é triste... Essas pessoas pecam por viver como se Jesus e Maria os servissem, e não ao contrário.

5. Devotos Inconstantes
Inconstância = quem não continua suas atitudes, muda muito de opinião e decisão

São devotos de Nossa Senhora, mas... só na hora que querem. É como uma montanha-russa. Quando o carrinho sobe, estão superanimados e rezam com muita fé, quando o carrinho desce, estão desanimados e só rezam por costume, ou nem rezam. Querem fazer tantos tipos de orações, não dão conta, e acabam sendo infiéis e inconstantes.

6. Devotos Hipócritas
Hipocrisia = pessoa falsa, que finge sentimentos, intenções

São as pessoas que escondem os pecados e maus hábitos com o manto da Virgem Maria, fingindo para todo mundo serem devotos de verdade, mas é só aparência.

7. Devotos Interesseiros
Interesseiro = quem só quer fazer sua própria vontade e faz tudo querendo algo em troca

São as pessoas que só ficam perto de Nossa Senhora para ganhar algo, para pedir cura, ou em alguma necessidade.

Verdadeira Devoção
1. Devoção Interior
Interior = parte de dentro

A verdadeira devoção vem de dentro do coração e da nossa alma. Vem quando sabemos o valor precioso que Nossa Senhora tem.

2. Devoção Terna
Ternura = amoroso, cuidadoso, meigo

A verdadeira devoção é terna, é suave, doce e confiante. É quando a alma vai até Nossa Senhora nas horas de dúvida, de medo, quando o inimigo tenta nosso coração, nos momentos tristes, de dor e doenças, e confia que Ela vai cuidar.

3. Devoção Santa

A verdadeira devoção é santa, porque leva a alma a fugir do pecado e imitar as dez principais virtudes da Virgem Maria:

1. Humildade profunda
2. Oração contínua
3. Obediência cega
4. Fé viva
5. Mortificação universal
6. Pureza divina
7. Caridade ardente
8. Paciência heroica
9. Doçura angélica
10. Sabedoria divina

4. Devoção constante

Constância = fiel, não desiste, continua a tarefa

A verdadeira devoção é constante, porque a alma é ajudada a não desistir mesmo quando for difícil. A alma fica corajosa para lutar contra as paixões, tristezas e distrações do mundo. Lembra da montanha-russa? Uma alma assim, mesmo quando o carrinho desce e entra no pecado, ela não desiste e com a ajuda de Nossa Senhora, sobe o carrinho de novo e continua sua luta pela santidade.

5. Devoção Desinteressada

Desinteresse = sem curiosidade, sem querer algo em troca

A verdadeira devoção é quando se busca a Deus através de Nossa Senhora, sem querer algo em troca, porque sabe: Deus merece ser amado e servido através de Maria. A alma serve à Virgem Maria nos momentos alegres e tristes, sempre com fidelidade.

ESCOLA DA Virgem Maria

#SANTOTESTE

Nossa! Você já aprendeu muita coisa até aqui! Não pare agora, ainda há muitos tesouros nesta grande aventura. Abaixo, você irá encontrar algumas perguntas para te ajudar a lembrar o que aprendeu.

O objetivo deste teste não é te avaliar, mas te ajudar a memorizar.
Então, siga os passos:

1. Leia novamente o capítulo III.
2. Leia as perguntas.
3. Responda o que você realmente se lembra.
4. O que ficou sem resposta, leia de novo no capítulo, entenda e depois responda quando estiver seguro da resposta.

Responda com suas palavras:

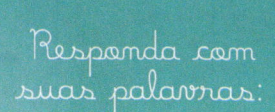

1. Quantas falsas devoções existem? E quantas verdadeiras?
   _____

2. O que significa Escrúpulo?
   _____

3. Como é a devoção Interior?
   _____

4. O que são os devotos Hipócritas?
   _____

5. Como é a devoção Constante?
   _____

6. O que significa ser um devoto Inconstante?
   _____

7. Quais são as 10 principais Virtudes de Maria que queremos imitar?
   _____
   _____
   _____

TIPOS DE PRÁTICAS NA
Verdadeira Devoção a Maria

Existem várias práticas de devoção. Interiores e exteriores. Essas são as mais comuns.

Interior

1. Honrar Maria, a Mãe de Deus, amá-La sobre todos os outros Santos, pois Ela é a obra-prima de Deus.
2. Meditar (pensar sobre) Suas virtudes e Suas ações.
3. Observar Suas grandezas.
4. Fazer atos de amor e louvor.
5. Pedir Sua ajuda com respeito.
6. Se oferecer para se unir a Ela.
7. Fazer tudo na vida com a intenção de agradar a Maria.
8. Tudo fazer por Ela, Nela, com Ela e para Ela, porque assim faremos tudo por Jesus, Nele, com Ele e para Ele.

Exterior

1. Participar de reuniões de orações Marianas.
2. Entrar em alguma Ordem ou Congregação de Maria.
3. Divulgar seus louvores.
4. Dar esmolas, fazer jejum e mortificação.
5. Sempre levar o terço aonde for, ou escapulário ou a cadeiazinha.
6. Rezar com devoção e atenção o santo rosário ou o terço, ou a coroinha, ofício da Santíssima Virgem, ou o Saltério, e outros hinos de Maria (Ave Maris Stella, Salve-Rainha, Regina Caeli etc.).
7. Cantar em honra a Maria.
8. Fazer reverência ou rezar ajoelhado.
9. Arrumar altarzinho de Nossa Senhora, flores e coroa.
10. Fazer procissão de Nossa Senhora.
11. Ter imagem de Nossa Senhora.
12. Consagrar-se à Virgem Maria de forma especial.

Todas as devoções são instrumentos para santificar nossa alma, desde que:

1. A gente tenha a boa intenção de agradar só a Deus e se unir a Jesus Cristo.
2. Sempre rezar com atenção e sem distração.
3. Sempre rezar com devoção, sem pular partes ou rezar rápido.
4. Sempre rezar com modéstia e de forma respeitosa.

ESCOLA DA
Virgem Maria

Quando a gente gosta de alguém, faz coisas por ela para mostrar o nosso carinho. As práticas de oração são tipo isso: mostramos à Virgem Maria, nossa Mãe, o quanto a amamos, e nisso, Ela também nos dá carinho, ou seja, as virtudes, pois Ela nos ama!

Vamos pintar o desenho da próxima página deixando Nossa Senhora bem bonita?

Cuide Dela, e enquanto pinta, reze, ou coloque alguma música para te ajudar a rezar.

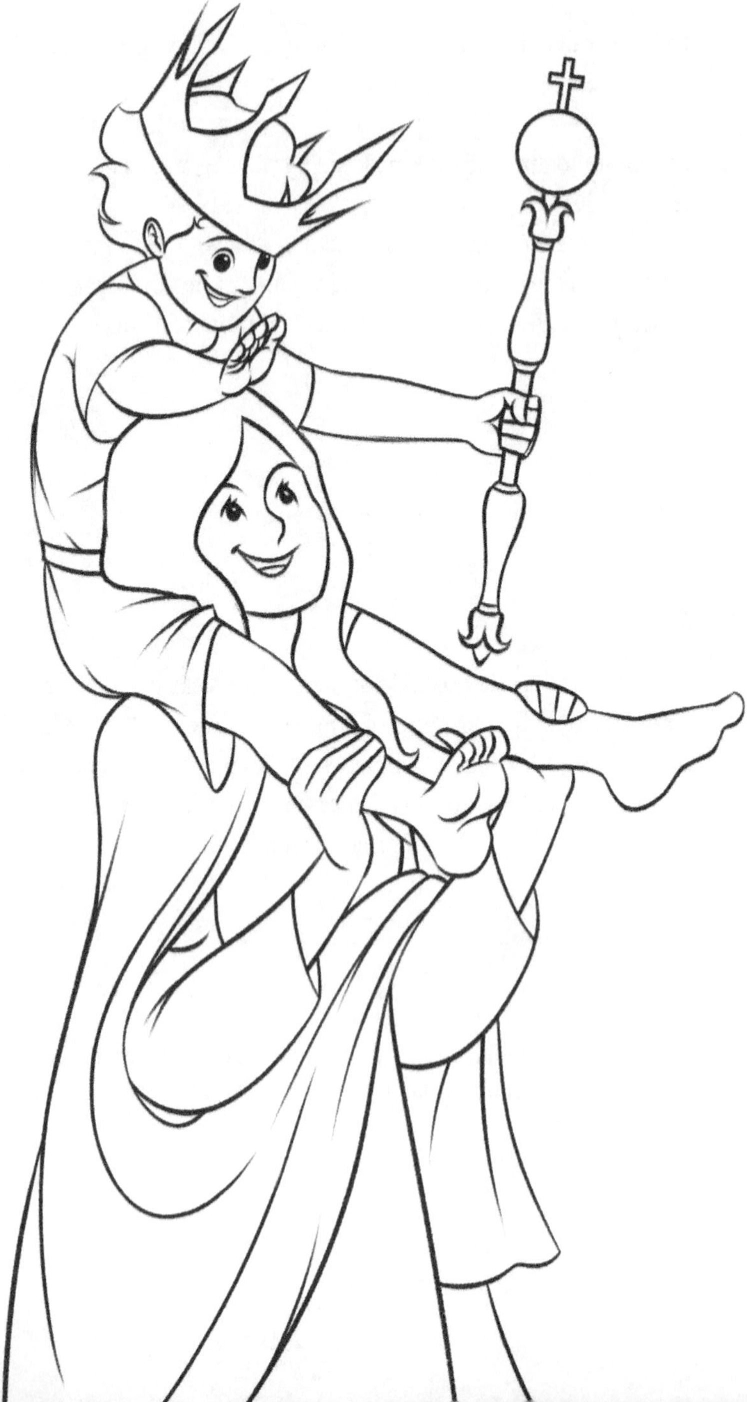

ESCOLA DA
Virgem Maria

Escreva aqui o que mais te chamou atenção até agora, e reze pedindo a Nossa Senhora para que você ame cada vez mais a Jesus através dela.

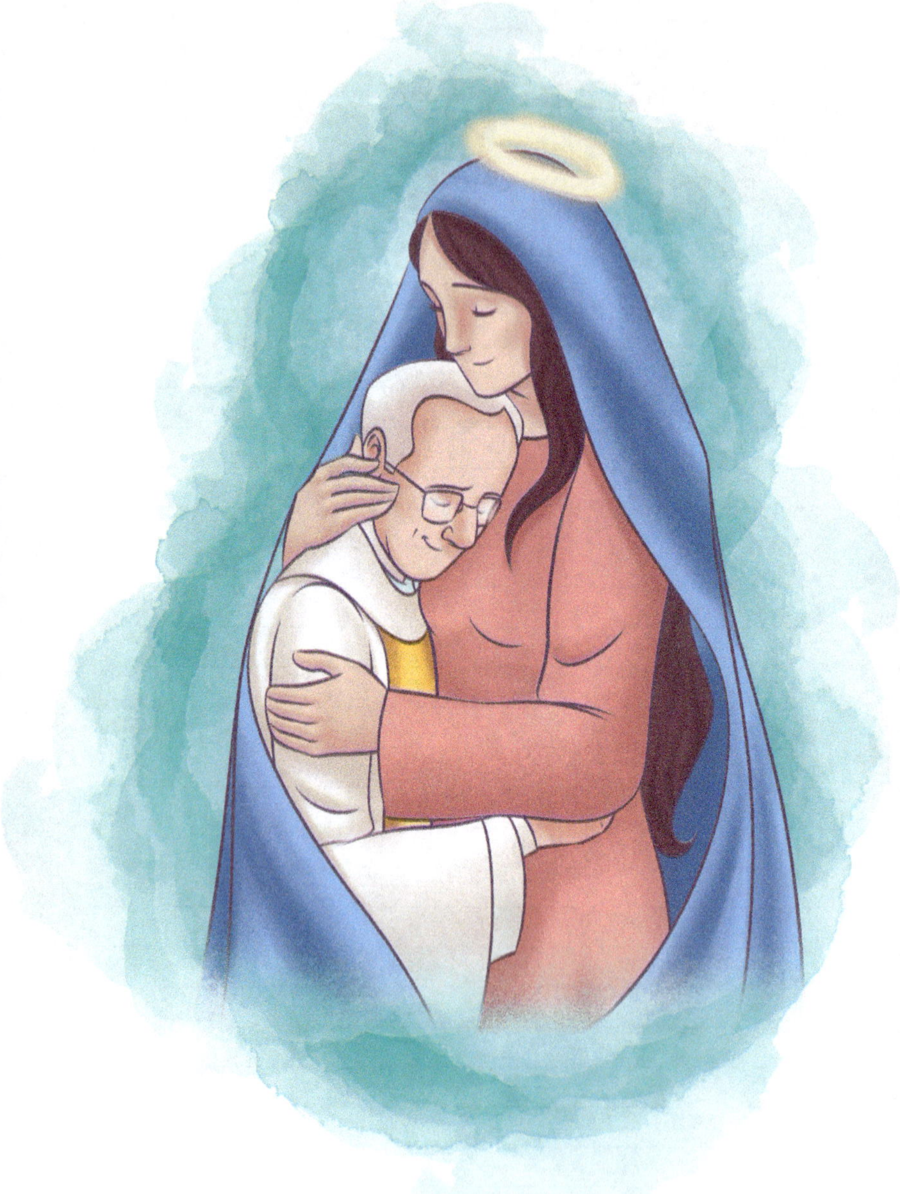

CAPÍTULO IV
Perfeita Devoção

"Sou todo Teu, inteiramente Teu... Agora, como criança necessitada, jogando-me no Teu colo, atirando-me nos Teus braços. Apoiando-me no Teu coração e me escondendo debaixo do Teu manto de Mãe, Te dizendo: Eu Te pertenço, Maria. Sou Teu. Todo Teu."

Pe. Jonas Abib

PERFEITA DEVOÇÃO

O objetivo da nossa vida na terra é sermos cada vez mais parecidos com Jesus, que é o Santo dos Santos. Mas como vamos ser como Ele?

Você tem massinha de modelar? Ou já viu uma? Então, quando queremos fazer uma BOLA de massinha, pegamos a massa e modelamos até ela ficar redonda como uma bola, certo? Certo.

Agora, imagine:
você é a massinha de modelar e Jesus é a bola.
Para ficarmos iguais a Jesus, precisamos que alguém nos amasse e modele, até ficarmos no mesmo formato de Jesus, a bola.

Nossa Senhora já está na forma de Jesus, Ela é perfeita e sem pecado. Ela é a pessoa que vai nos modelar para também sermos como Jesus. Por isso, quanto mais devotos e parecidos com Maria nós formos, mais parecidos com Jesus nós seremos!

Tratado da Verdadeira Devoção à Santíssima Virgem para Crianças

ESCOLA DA
Virgem Maria

Termine o desenho seguindo a mesma forma já desenhada do lado esquerdo.

TOTUS TUUS = TODO TEU

A perfeita consagração é dar tudo o que temos para Nossa Senhora, do mundo material e do mundo espiritual.

Material:
• Nosso corpo, do jeito que somos e os sentidos que temos.
• Tudo o que temos de material (roupa, brinquedos, casa etc.).
Espiritual:
• Nossa alma, com tudo o que ela tem.
• Tudo o que temos dentro do coração (virtudes, boas obras etc.).

Em Fátima, Nossa Senhora disse para as três crianças (Lúcia, Francisco e Jacinta):

"Vão muitas almas para o inferno, porque não tem quem reze e faça sacrifícios por elas."

Então, as crianças começaram a fazer OBRAS BOAS através de pequenos sacrifícios, como por exemplo: deixar de comer um doce que gostavam. É um pequeno sacrifício que se une ao grande sacrifício de Jesus na cruz. Como somos membros do Corpo de Cristo, é Jesus quem ama e faz OBRAS BOAS através de nós.

"Totus Tuus ego sum, Marie" - São João Paulo II

ESCOLA DA
Virgem Maria

Termine o desenho, desenhando VOCÊ.
Depois reze a oração:

Ó Virgem Maria, Mãe de Jesus e nossa Mãe, Tu és cheia da Graça de Deus. Me ajude a fazer boas obras, para que eu seja mais parecido(a) com Jesus. Amém.

AS OBRAS BOAS

Dentro das boas obras, temos duas coisas importantes:

Valor meritório:
Quando fazemos algo como uma boa ação, por caridade, merecemos a Graça de graça. É como uma medalha invisível para mostrar que fizemos algo muito bom.

Mérito = reconhecimento

Valor satisfatório:
Quando fazemos uma boa ação, é uma obra que repara nossos pecados e por isso alcança a Graça. E essa Graça nos dá alívio e nos dá satisfação. É um valor acumulado, como se fossem moedas. Esses valores diminuem nosso tempo no purgatório.

Reparar = consertar
Satisfação = sentimento bom de ter realizado o que se espera ou precisa

Nos dois casos, quando se faz a Consagração Total a Nossa Senhora, a gente oferece todas as nossas MEDALHAS e MOEDAS para Ela. Aí a Graça deixa de ser nossa e passa a ser de Nossa Senhora, e Ela mesma irá escolher como usar essa Graça, com quem e como Ela quiser.

Damos a Maria nossas Graças, por exemplo:
"Eu ofereço o doce que eu deixei de comer pela pessoa que a Senhora escolher dar a Graça dessa boa obra."

Mas a gente pode sempre continuar fazendo nossos pedidos a Ela, pedindo por nós e pelos outros; pois nossa Mãe do Céu gosta de atender aos pedidos de Seus Filhos.

Lembra do Baú de Tesouros que Nossa Senhora tem a chave? Então, quanto mais boas obras fizermos, mais tesouros teremos nesse baú, e Ela vai fazer esse tesouro aumentar, e ter muito mais valor. Assim, nossa Mãezinha pode usar esse tesouro para nos ajudar, e ajudar os outros consagrados (Seus filhos) para nos proteger e nos livrar do mal. E o Seu Coração Imaculado vai triunfar!

RENOVAÇÃO DOS
Votos do Batismo

Renovação = tornar novo algo que já existe.

Quando a gente foi batizado, a maioria de nós era ainda um bebê, e por isso não se lembra, mas nossos pais e padrinhos escolheram acreditar, a ter Fé na Igreja em nosso nome.

Nesta Consagração à Virgem Maria, renovamos as promessas do Batismo, para nos lembrar do compromisso feito. Essas são as promessas:

Renúncia:
- Renunciar ao pecado.
- Renunciar à desunião.
- Renunciar ao demônio.

Crer:
- Crer em Deus Pai, Filho e Espírito Santo.
- Crer na Santa Igreja Católica, na comunhão dos Santos, no perdão total dos pecados, na ressurreição dos mortos e na vida eterna.

Renunciar = deixar, abrir mão
Crer = acreditar

Quando fazemos a CONSAGRAÇÃO TOTAL, RENOVAMOS o nosso Batismo, e por isso, afirmamos de novo que somos filhos de Deus e de Maria. A gente também à serpente, ao pecado e às coisas ruins que existem no mundo.

ESCOLA DA
Virgem Maria

Conte quantas medalhas estão espalhadas nas páginas anteriores e nesta. Pinte-as de amarelo ou dourado, e depois escreva a quantidade no baú.

ESCOLA DA
Virgem Maria

Minha história de Salvação

Nossa vida é construída como uma história de salvação. A atividade de hoje será uma **ENTREVISTA**.

Imagine que você seja um(a) jornalista. Agora, você irá fazer uma matéria sobre o começo da sua história, o seu Batismo.

- Pegue algo que se pareça com um microfone para ser o seu.
- Escolha seus entrevistados (seus pais e parentes que estavam no dia do seu batizado).
- Peça para alguém gravar o vídeo.
- Chame seus entrevistados e comece a trabalhar!
- As perguntas estão abaixo, mas você pode fazer mais.

- Qual é o dia do meu batizado?
- Quantos anos/meses eu tinha?
- Quais são os nomes dos meus padrinhos?
- Quem são meus padrinhos de Consagração a Nossa Senhora?
- Quem estava no meu batizado?
- Que roupa eu estava vestindo?
- Qual é o nome da igreja/capela onde fui batizado?
- Qual é o nome do padre/diácono que me batizou?

Tratado da Verdadeira Devoção à Santíssima Virgem para Crianças

ESCOLA DA
Virgem Maria

Vamos pintar!

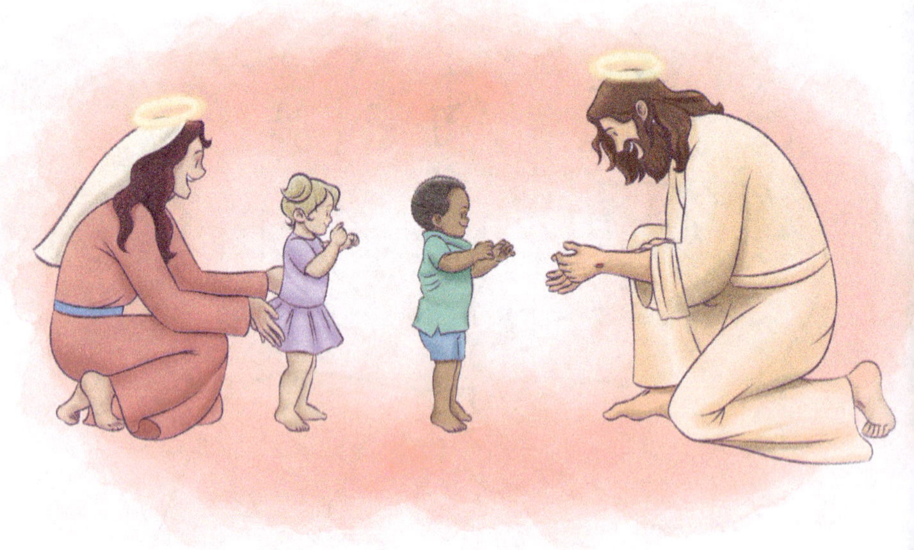

CAPÍTULO V
Por que fazer esta Consagração?

"Ela é a Mestra em formar o homem novo, a mulher nova, fazendo chegar à estatura adulta de Nosso Senhor Jesus Cristo. Ela sabe fazer vir à tona, em nós, tudo aquilo que necessita de cura, para que Jesus entre em ação e nos cure, venha à tona e se manifeste. Ela é a Mestra nisso!"

Pe. Jonas Abib

POR QUE FAZER
esta Consagração?

1º Motivo
Aprendemos a servir a Deus o tempo todo

Pensa só: nessa consagração damos a Jesus, por meio de Maria, todos os nossos pensamentos, ações, palavras etc. Estamos prontos para servir a Deus, dormindo ou acordados. É como um serviço 24 horas, em que a qualquer momento, você pode ser chamado para uma missão.

Na cruz, Jesus se deu de corpo e alma por nós, Ele se deu por inteiro. E como agradecimento, damo-nos inteiramente a Ele também.

2º Motivo
Ensina-nos a imitar Jesus

Deus não quis que Seu Filho Jesus viesse ao mundo já adulto, mas sim como um ser humano, por meio de Nossa Senhora, sendo gerado na barriga e criado por uma família, como nós. Deus, que é Grande, fez-se pequeno. Isso se chama humildade. Se Deus, que criou tudo, foi humilde, então nós também devemos ser! Nossa Senhora nos ensina a sermos assim, pequenos, humildes e através Dela alcançar as Graças de Deus.

3º Motivo
Conseguimos as graças de Nossa Senhora

Quem se entrega a Maria tem o privilégio de entrar na piscina de Graças de Nossa Senhora. Com Ela, damos um grande mergulho todos os dias na Sua humildade, fé, pureza etc.

Ela deixa nossos pedidos bonitos. Tipo assim: ela pega nosso pedido manchado pelo pecado, limpa, e coloca numa bandeja brilhante para levar a Jesus.

4º Motivo
Damos Glória a Deus
Não sabemos dar glória a Deus como Ele é digno. Mas a Virgem Maria sabe, e por isso, tudo o que Ela faz é para a Glória de Deus.

5º Motivo
União com Nosso Senhor
Essa devoção é o caminho mais fácil, curto, perfeito e seguro para chegar na união com o Senhor.

Fácil: porque Jesus nos abriu esse caminho quando veio ao mundo.

Curto: porque tem obstáculos menores, que nos fazem andar mais rápido e por pouco tempo, guardando fôlego para caminhar mais.

Perfeito: porque Nossa Senhora é a criatura mais perfeita, e não teve, nem tem, o pecado para atrapalhar.

Seguro: porque é natural para Maria nos levar a Jesus, e nos formar. Ela é a árvore que deu fruto bom (Jesus), precisamos dessa árvore também.

6º Motivo
Ganhamos liberdade interior
Nessa devoção, ganhamos a liberdade de filhos de Deus. Assim como um filho é livre com seu pai, tornamo-nos assim com Deus, porque Maria é a Mãe que nos leva a Jesus, e Jesus, ao seu Pai.

7º Motivo
O próximo ganha com nossa devoção
Sendo totalmente de Maria, Ela nos ajuda a ser mais virtuosos, e por isso as pessoas a nossa volta percebem a caridade, o amor, a docilidade, a paz que adquirimos com essa devoção, e isso contribui para a conversão das pessoas.

8º Motivo
Ganhamos a perseverança
Por causa do pecado original, somos infiéis e inconstantes (desistimos fácil das coisas de Deus). Mas com Maria, entramos no barco (como Noé) para fugir do dilúvio do pecado. E assim, Ela nos conduz sem voltar atrás, pois o barco já está em alto-mar.

ESCOLA DA
Virgem Maria

*Ligue o **motivo** a sua **ordem** correta*

1º Motivo	• Ensina-nos a imitar Jesus.
2º Motivo	• Ganhamos a perseverança.
3º Motivo	• Ganhamos liberdade interior.
4º Motivo	• Aprendemos a servir a Deus o tempo todo.
5º Motivo	• O próximo ganha com nossa devoção.
6º Motivo	• União com Nosso Senhor.
7º Motivo	• Conseguimos as graças de Nossa Senhora.
8º Motivo	• Damos Glória a Deus.

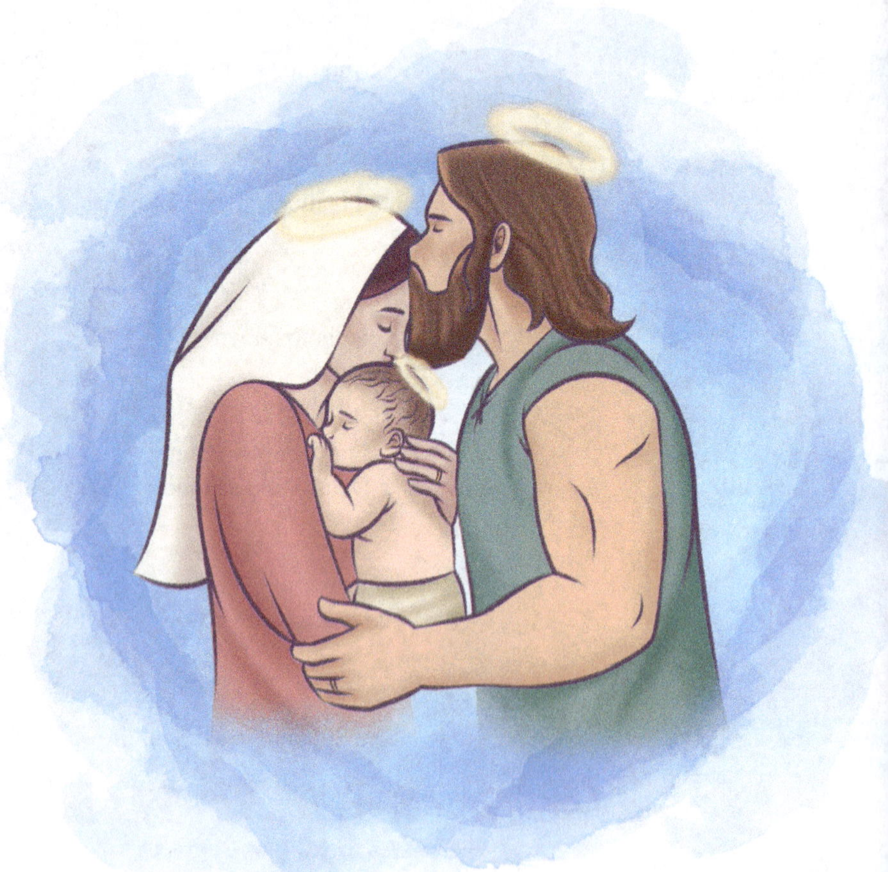

CAPÍTULO VI
A Casa de Maria

—◆————◆————◆—

"Somos a descendência de Maria. Somos a raça de Maria. Somos da Sua estirpe. Pertencemos à Sua linhagem. Somos Casa de Maria."

Pe. Jonas Abib

A CASA DE MARIA

Cada casa, cada família tem um jeito de ser. Na casa de Jesus também foi assim, mas lá, tudo aconteceu do jeito que Deus queria. O jeito de Maria era o jeito de Deus, porque Ela sempre esteve dentro da vontade Dele.

Pegue a Bíblia e leia a história de Isaac e Rebeca com seus dois filhos, Esaú e Jacó, em Gn 27. Depois de ler, vamos refletir.

Esaú: representa as pessoas que nasceram privilegiadas, escolhidas, mas decidem abrir mão das coisas de Deus.

Jacó: representa as pessoas que ganham os privilégios através da obediência.

Esaú vendeu seu direito de ser o primeiro filho, porque era guloso e queria comer. Desistiu fácil de algo tão valioso.

Jacó obedeceu a sua mãe em tudo o que ela lhe mandava, pois a mãe conhece o coração do filho. Ao abençoar Jacó, Isaac dá para ele a bênção que Deus reservou para sua descendência. Precisamos aprender a ser obedientes a nossa mãe, assim como Jacó foi. Ser obediente a nossa mãe da Terra e a nossa Mãe do Céu.

Na casa de Maria, aprendemos TUDO o que precisamos para sermos Santos.

1. Ela afina nossos dons.
2. Ensina a morrer para o pecado e nos desapegar de nós mesmo por amor a Jesus.
3. Forma-nos para sermos a pessoa que Deus sonha.
4. Deixa-nos bonitos, sem pecado, para Deus se alegrar com nossa pureza.

Para isso, são necessárias duas decisões:

1ª Confiar TUDO à Virgem Maria: sonhos, desejos, seu jeito de ser, sua família etc.
2ª Imitar as virtudes de Maria.

ESCOLA DA
Virgem Maria

Seja bem-vindo(a) à Casa de Maria! Encontre as 7 diferenças que não correspondem com a Casa de Maria.

MARIA nos Ama

Maria nos ama porque:

1. Ela é nossa verdadeira Mãe.
2. Reconhecemos que Ela é nossa Mãe.
3. Somos predestinados a esse amor que vem de Deus.
4. Na consagração temos parte de Sua herança.

Maria nos ama mais do que todas as mães do mundo juntas!
Seu amor é ativo e afetivo.

Ativo = que age, tem uma ação
Afetivo = que mostra o afeto e carinho

Maria nos ama com Seu carinho e ternura, mas também com Seu auxílio e ajuda.

- Maria, em Deus, já vê o possível perigo e nos protege.
- Ela vê a oportunidade da santificação, e nos auxilia com a Graça.
- Maria nos dá conselhos para nos ajudar a tomar decisões.
- Maria ajuda-nos a limpar o pecado e a amar mais a Deus.
- Ela nos prepara para estarmos cheirosos e bonitos para encontrar Jesus.
- Ela nos consegue a bênção de Deus Pai.

ESCOLA DA
Virgem Maria

Vamos rezar: complete a oração com as palavras em destaque, depois reze.

gloriosa - súplicas - Mãe - proteção - livrai - desprezeis - perigos

"À Vossa Proteção"

À vossa _____ recorremos, santa ____ de Deus; não _____ as nossas _____ em nossas necessidades, mas _____-nos sempre de todos os _____, ó Virgem _____ e bendita.

MARIA
nos Sustenta

Ela sustenta com Seu leite espiritual. Alimenta para ficarmos fortes e não desistirmos de buscar a santidade. Maria é Mãe, e sabe quando o filho está com fome. Quando Ela nos vê assim, logo nos envia o melhor alimento da alma: Jesus! Ele é o fruto de vida que Ela colocou no mundo para nós!

Tratado da Verdadeira Devoção à Santíssima Virgem para Crianças

ESCOLA DA
Virgem Maria

Vamos Pintar!

MARIA
nos Direciona

Imagine: você está dirigindo um carro e a Virgem Maria está sentada ao seu lado no banco de passageiro. Ela está com um binóculo (uma lente para enxergar ao longe) e fica observando a estrada. Quando algum obstáculo pode te atrapalhar para continuar o seu caminho, Ela te redireciona para desviar desse perigo. E assim Ela faz com nossa alma, toda vez que o inimigo de Deus tenta nos atrapalhar para continuarmos no caminho de Santidade.

Tratado da Verdadeira Devoção à Santíssima Virgem para Crianças

ESCOLA DA
Virgem Maria

Trace a linha pelo caminho que a Virgem Maria está levando a pessoa até Jesus.

MARIA
nos defende e protege

Maria nos defende como uma galinha defende seus pintinhos, debaixo de suas asas. Nossa Senhora coloca Seu manto a nossa volta e nos protege da morte que o pecado trás.

ESCOLA DA
Virgem Maria

Termine o desenho, desenhando você debaixo do manto de Nossa Senhora.

MARIA
Intercede por Nós

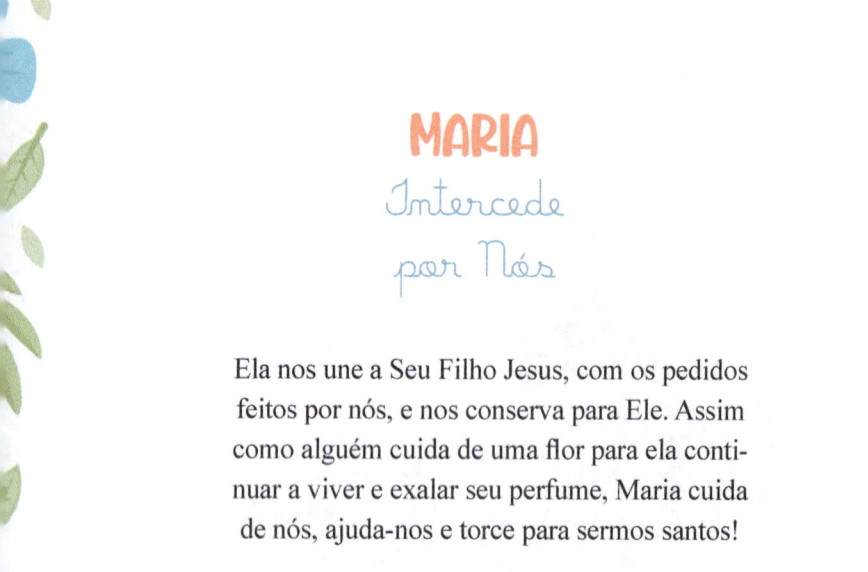

Ela nos une a Seu Filho Jesus, com os pedidos feitos por nós, e nos conserva para Ele. Assim como alguém cuida de uma flor para ela continuar a viver e exalar seu perfume, Maria cuida de nós, ajuda-nos e torce para sermos santos!

ESCOLA DA
Virgem Maria

Encontre a sombra correta da imagem de Nossa Senhora.

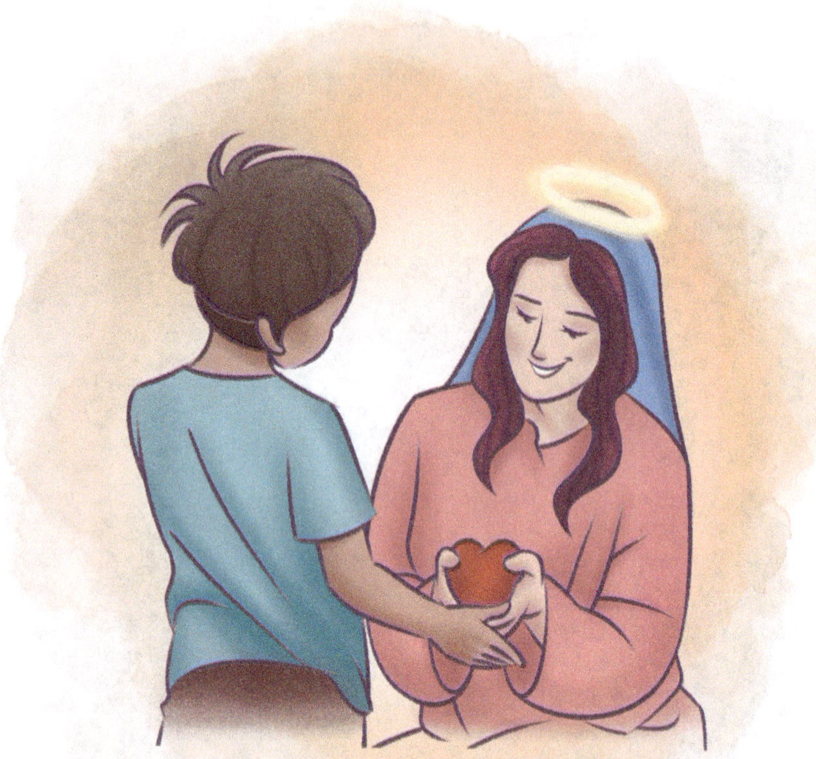

CAPÍTULO VII
Efeitos Incríveis desta Devoção em uma Alma Fiel

◆·―――――·◆·―――――·◆

"Ela nos vê por dentro, vê os nossos pensamentos e sentimentos mais ocultos. Até as coisas inconscientes que se movem dentro de nós. Podemos não entender, mas Ela entende tudo o que ocorre em nosso interior."

Pe. Jonas Abib

EFEITOS INCRÍVEIS DESTA DEVOÇÃO EM UMA ALMA FIEL

1º Olhamo-nos no espelho e enxergamos nossa miséria

O Espírito Santo nos faz enxergar como somos pecadores, e nossas escolhas vão pelo caminho do mundo. É como olhar no espelho e ver o pecado tirar nossa pureza.

O inimigo deixa nossa alma e nosso coração feios. E por isso, com a humildade de Maria, percebemos e não queremos mais essa feiura. Isso nos faz olhar a beleza que existe nos nossos irmãos e nos santos para imitá-los.

2º Ganhamos uma parte da Fé de Maria

No Céu, ninguém mais precisa de fé, porque Fé é crer naquilo que não se vê. No Céu, sempre veremos a Deus. Nossa Senhora ganhou a graça de guardar sua fé. Sabe para quê? Para dividir em milhões de parcelas aos Seus filhos (nós)! Essa fé é tão pura e nos leva a não nos preocuparmos com o que vemos e tocamos, mas a focar na eternidade. É uma fé que nos segura, mesmo se houver tempestades, fé corajosa, viva, animada, ativa, penetrante, fé que ilumina para afastar as trevas.

3º Um Puro Amor

Maria nos dá um amor puro por Deus. Um amor de Pai e Filho. Um amor de intimidade, de liberdade, de carinho. Passamos a amar a Deus simplesmente porque Ele é o Puro Amor.

4º Grande confiança em Deus e em Maria

Maria nos leva a fazermos uma experiência de confiança. Faça um teste: feche seus olhos, peça pra alguém ficar ao seu lado e te conduzir até você chegar em outra pessoa. De olhos fechados, a gente confia que alguém vai nos guiar até o destino final. E chegando nele, confiamos: é o lugar certo. Maria faz isso com a gente. Leva-nos a Deus, à linha de chegada, onde podemos descansar sem nos preocupar com medos e dúvidas. Confiando em Maria, confiamos em Deus.

5º Cópias de Maria

Vai chegar um tempo em que os cristãos só vão ser sustentados por Maria. Nós só conseguimos dar Glória a Deus de verdade, quando nos abrimos à ação de Maria em nós. Precisamos ser cópias de Maria, para respirar o amor a Jesus Cristo.

6º Moldados por Maria

Igual à massinha de modelar, podemos ser moldados de duas formas:
A primeira, com as próprias mãos, modela a massinha.
A segunda, com uma forma perfeita, modela a massinha.
Em qual dessas opções a massinha vai ficar com uma forma perfeita?
Na segunda!
Nossa Senhora formou Jesus, então Ela tem o molde perfeito. Nessa devoção, somos trabalhados dessa mesma forma, para sermos mais parecidos com Jesus.

7º Dar Glória a Jesus Cristo

Maria deu mais Glória a Deus em Sua vida simples em casa, do que todos os Santos juntos em seus sacrifícios. Nenhuma intenção foi mais pura e humilde do que a de Maria. E por isso, nesta devoção, aprendemos a dar Glória a Deus através de Maria, porque Ela é quem sabe fazer isso com mais perfeição.

ESCOLA DA Virgem Maria

#SANTOTESTE

Que alegria! Você já entendeu a importância e o valor desta devoção!

Que tal convidar um amigo para também conhecer esta devoção?

Abaixo, você encontrará algumas perguntas para te ajudar a lembrar seu aprendizado até aqui e poder contar para sua família e amigos como amar a Virgem Maria é o melhor jeito para amar Jesus.

O objetivo deste teste não é te avaliar, mas te ajudar a memorizar. Então, siga os passos:

1. Leia novamente o capítulo VII.
2. Leia as perguntas.
3. Responda o que você realmente se lembra.
4. O que ficou sem resposta, leia de novo no capítulo, entenda e depois responda quando estiver seguro da resposta.

1. Quantos efeitos tem esta devoção?
_____
_____

2. Quem tem o molde perfeito de Jesus?
_____
_____

3. O que a fé de Maria faz em nós?
_____
_____

4. Complete a frase:
Precisamos ser _____ de Maria, para _____ o amor a _____ Cristo.

5. O que nossa alma precisa ser para obter esses efeitos?
_____
_____
_____
_____
_____
_____
_____

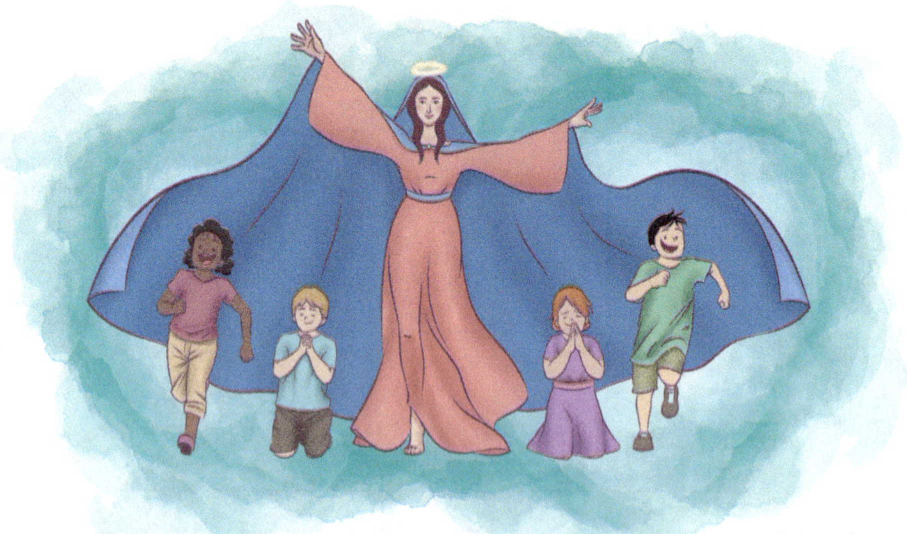

CAPÍTULO VIII
Hora das Práticas

"Consagre-se a Ela. Hoje, consagrar-se é justamente colocar-se ao lado Dela, entregar-se a Ela. É ser uma criança que se confia ao coração Dela, que se joga em Seus braços, que se põe debaixo de Seu manto."

Pe. Jonas Abib

HORA das Práticas

Que alegria! Maria te trouxe até aqui, e agora, você conhece como esta devoção é linda e necessária para sua santificação!

Temos conhecimento, agora é hora da ação!
Chegamos na **HORA DAS PRÁTICAS**
Existem dois tipos de prática: **Exteriores** e **Interiores**.
Uma ajuda a outra a sustentar a devoção.

Práticas Exteriores

1ª 30 dias de preparação
2ª Rezar a Coroinha da Santíssima Virgem
3ª Usar pequenas cadeias
4ª Devoção à Encarnação
5ª Devoção à Ave-Maria e ao Terço
6ª Recitação do Magnificat
7ª Desprezo do mundo

Práticas Interiores

1ª Fazer todas as ações por Maria
2ª Fazer todas as ações com Maria
3ª Fazer todas as ações em Maria
4ª Fazer todas as ações para Maria

Lembra das nossas instruções? Corre na página 4.

Nas próximas páginas, vamos aprender a fazer cada prática e ao final, todas as orações estarão escritas para você.

HORA das Práticas

Exteriores

1ª prática - 30 dias de preparação (Página 120)

> No calendário dos judeus, que era o calendário de Jesus, a semana tinha 6 dias.

Por 12 dias, você irá rezar pedindo o desapego do mundo:
- Veni Creator Spiritus
- Ave Maris Stella

Depois, nas próximas 3 semanas, você irá rezar:

1ª Semana (6 dias) pedindo o conhecimento de si mesmo:
- Ladainha do Espírito Santo
- Ladainha de Nossa Senhora
- Ave Maris Stella

2ª Semana (6 dias) pedindo o conhecimento da Virgem Maria:
- Ladainha do Espírito Santo
- Ave Maris Stella
- 1 Terço

3ª Semana (6 dias) pedindo o conhecimento de Nosso Senhor:
- Ladainha do Espírito Santo
- Ave Maris Stella
- Oração de Santo Agostinho

- Ladainha do Santíssimo Nome de Jesus
- Ladainha do Sagrado Coração de Jesus

Se você se esquecer algum dia, não desista! Retome as orações e continue, pois Nossa Senhora não desiste de você. Não desista Dela!

2ª prática - Rezar a Coroinha da Santíssima Virgem (Página 134)

A partir do dia de sua consagração, é recomendável que se reze todos os dias a Coroinha da Santíssima Virgem. Nela, rezamos em honra dos 12 privilégios e grandezas de Nossa Senhora + a oração "À Vossa Proteção". Ela é a mulher que São João viu coroada de 12 Estrelas.

HORA das Práticas

Exteriores

3ª Prática - Usar pequenas cadeias

Uma vez consagrado(a) à Virgem Maria, você se torna escravo(a) por amor a Ela, isso quer dizer que você não é mais escravo(a) do pecado!

Por isso, essa cadeiazinha é um SINAL:
• Para nos lembrar que fomos salvos e libertos por Jesus.
• Para lembrar das promessas do Batismo e que somos de Deus, pertencemos a ELE!
• Para mostrar que não se tem vergonha de ser escravo, por amor de Jesus através de Maria.
• Para que o inimigo de Deus fuja quando ver que somos de Maria, somos de Jesus.

Aqui, temos alguns exemplos de como podemos usar:

No pulso   **No tornozelo**   **No pescoço**

Normalmente, é colocada uma medalhinha de Nossa Senhora.

Lembrando: não é obrigatório usar um sinal externo. Mas, como acabou de ler, é um SINAL que nos ajuda a viver melhor esta devoção.

OLÁ, QUERIDO ADULTO!
ESCANEIE O QRCODE PARA
ADQUIRIR UMA CADEIAZINHA
PARA A SUA CRIANÇA.

HORA das Práticas

Exteriores

4ª Prática - Devoção à Encarnação

Encarnação = tornar humano, assumir a carne do homem
Isso significa que Deus se torna homem através da união do Espírito Santo com Maria. No dia 25 de março, comemoramos o dia da Visitação e Encarnação, ou seja, o anjo visitou Maria, contou o plano de Deus, Ela aceitou e logo o Espírito Santo fecundou Jesus no ventre de Maria. Por isso, depois de 9 meses (25 de dezembro), Jesus nasceu (Natal).

Quando nos perguntarem se somos consagrados a Maria, devemos dizer:
"Sim, sou escravo(a) de Jesus em Maria."

Isso quer dizer: somos de Jesus através de Maria, pois Jesus veio ao mundo através Dela.

5ª Prática - Devoção à Ave-Maria e ao Terço

A Salvação (Jesus) entrou no mundo depois que o anjo disse "Ave Maria!". Por isso, a salvação de cada um de nós também virá através dessa oração.
É como se cada Ave-Maria fosse uma gotinha de chuva molhando a terra seca do nosso coração para gerar frutos bons.
Quem não quiser essas gotinhas, ou seja, quem não rezar as Ave-Marias, não dará frutos bons, e não chegará à salvação.

Por isso, rezaremos o terço todos os dias, se possível, o rosário. E sempre Ave-Marias rezadas com muita devoção e piedade. A cada Ave-Maria, damos uma rosa a Nossa Senhora.

HORA das Práticas

Exteriores

6ª Prática - Recitação do Magnificat

Lucas 1, 46-55
Este é o cântico de Maria na Bíblia. É onde Jesus fala através de Sua Mãe. Nessa oração de louvor existem grandes mistérios, e com muita humildade, Maria exulta a Deus como ninguém ainda havia feito.
Nesta devoção, você reza o Magnificat logo depois da Coroinha.

7ª Prática - Desprezo pelo mundo

Todos os consagrados de Maria desprezam o mundo. Isso significa que nós não gostamos, ignoramos, fugimos de tudo que foi corrompido pelo pecado aqui no mundo.

Para lembrar:

Volte na página 5, releia o passo a passo e confira se está tudo preparado para o dia de sua consagração.

DICA
Práticas de todos os dias

"Rezem o terço todos os dias para alcançar a paz."
Virgem Maria em Fátima, 13.05. 1917

- Coroinha
- Sub Tuum
- Magnificat

HORA das Práticas

Interiores

Aqui se trata de fazer todas as nossas atividades do dia a dia **POR** Maria, **COM** Maria, **EM** Maria e **PARA** Maria, a fim de fazer tudo **POR** Jesus, **COM** Jesus, **EM** Jesus e **PARA** Jesus.

I. POR Maria

Em tudo, obedecer a Maria, deixar o Espírito Santo que habita em Maria, e em nós, conduzir-nos. Renunciar nossas ideias e vontades, principalmente antes de rezar, antes da missa, antes de comungar. Entregar-nos em Suas mãos para fazermos tudo POR JESUS.

II. COM Maria

Maria é o maior modelo de virtudes que o Espírito Santo fez em uma alma, para ser como Jesus. Então, em tudo devemos pensar "Como Maria fazia isso?". Assim, com Maria no coração, estaremos COM Jesus durante todo o nosso dia.

III. EM Maria

Nossa Senhora é o Jardim Perfeito, é o novo Paraíso onde o ar é puro, é sempre dia, o Sol não tem sombras e seu rio se chama humildade. Esse rio se estende em quatro direções e em cada ponta se encontra uma virtude cardeal: justiça, fortaleza, temperança e prudência. Quem vive em Maria, vive EM Jesus, e assim se torna parte do Jardim Perfeito.

IV. PARA Maria

Quem se torna escravo de Jesus em Maria, deve fazer tudo para Ela, porque assim estará fazendo PARA Jesus. O foco SEMPRE é Jesus. Maria é a ponte. E que ponte bela! É uma honra servir a essa Rainha, pois Ela nos levará a ficar unidos ao Rei Jesus para sempre!

Glória a Jesus em Maria!
Glória a Maria em Jesus!
Glória a Deus somente!

ESCOLA DA
Virgem Maria

Vamos Pintar!

DICAS PARA FAZER
uma Boa Comunhão

Você que já fez a Primeira Comunhão, siga as dicas de São Luís Maria para fazer uma boa comunhão.

Antes da Comunhão
1. Fazer-se pequeno.
2. Renunciar suas vontades.
3. Renovar sua consagração dizendo: "Totus Tuus ego sum, et omnia mea tua sunt" (Sou todo vosso minha querida Senhora, com tudo que tenho).
4. Pedir a Maria que te empreste o coração Dela, para receber Jesus como Ela recebe.

Durante a Comunhão
Rezar três vezes a oração. Ao Pai, ao Filho e ao Espírito Santo. "Senhor, eu não sou digno(a) de que entreis em minha morada, mas dizei uma palavra e eu serei salvo(a)."

Depois da Comunhão
Nesse momento, você está com Jesus dentro de você. Converse com Jesus! Que momento mais grandioso!
• Converse com Jesus.
• Diga a Jesus o quanto você o ama.
• Agradeça a Maria por deixar seu coração mais bonito para receber Jesus.
• Agradeça a Jesus por entregar Sua vida por amor a você e se fazer pequeno na Eucaristia para alimentar a sua alma.
• Use a imaginação para conduzir sua oração. Imagine você

com Jesus.
• Jesus se encontra dentro de você.
• Adore Jesus.
• Não reze rápido. Pensei em cada palavra e sentimento. Você participou da Missa inteira se preparando para ESSE momento.
• Diga para Ele não olhar seus pecados, mas as virtudes de Maria em você.
• E agradeça por tanto amor e misericórdia por você.

Se você ainda não fez a Primeira Comunhão, segue uma oração de comunhão espiritual:

Meu Jesus,
Eu creio que estais presente no Santíssimo Sacramento do Altar.
Amo-Vos sobre todas as coisas,
e minha alma suspira por Vós.
Mas como não posso receber-Vos agora no Santíssimo Sacramento,
vinde, ao menos espiritualmente,
ao meu coração. Abraço-me
Convosco como se já estivésseis comigo: uno-me Convosco inteiramente. Ah! Não permitais que torne a Separar-me de vós!
(Santo Afonso Maria de Ligório)

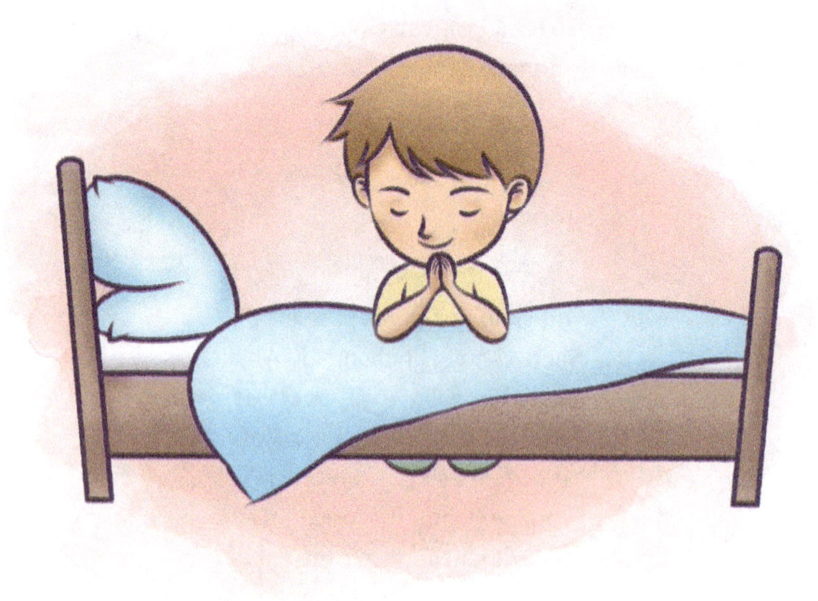

Orações

"Ali, ao pé da cama, reze as três Ave-Marias, renovando a sua consagração. Você verá a vitória de Maria na sua vida. Você experimentará a vitória de Deus; a vitória que Ela vai lhe dar, porque Deus A escolheu para estar à frente do exército daqueles que querem vencer."

Pe. Jonas Abib

Orações

DOZE DIAS PREPARATÓRIOS
Para o desapego do mundo

- Veni Creator Spiritus
- Ave Maris Stella

Veni Creator Spiritus - Vinde Espírito Criador

Vem, ó criador Espírito,
As almas dos Teus visita;
Os corações que criastes,
Enche de graça infinita.

Tu, Paráclito és chamado
Dom do Pai celestial,
Fogo, caridade, fonte
Viva unção espiritual.

Tu dás septiforme graça;
Dedo és da destra paterna;
Do Pai, solene promessa,
Dás força da voz suprema.

Nossa razão esclarece,
Teu amor no peito acende,
Do nosso corpo a fraqueza
Com Tua força defende.

De nós afasta o inimigo.
Dá-nos paz sem demora,

Guia-nos; e evitaremos
Tudo quanto se deplora.

Dá que, Deus Pai e Seu Filho
Por Ti nós bem conheçamos,
E em Ti, Espírito de ambos
Em todo tempo creiamos.

A Deus Pai se dê a glória
E ao Filho ressuscitado,
Paráclito e a Ti também
Com louvor perpetuado. Amém

V: Enviai o Vosso Espírito, e a tudo será criado.
R: E renovareis a face da terra.

Oremos: Ó Deus que instruíste os corações dos Vossos fiéis, com a luz do Espírito Santo, fazei que apreciemos retamente todas as coisas, segundo o mesmo Espírito, e gozemos sempre de Sua consolação, por Cristo, Senhor Nosso. Amém.

Ave Maris Stella

Ave, do mar Estrela,
De Deus Mãe bela,
Sempre Virgem,
Da morada Celeste feliz entrada.

Ó tu que ouviste da boca
Do anjo a saudação;
Dá-nos paz e quietação;
E o nome de Eva troca.

As prisões aos réus desata.
E a nós, cegos, alumia;
De tudo que nos maltrata
Nos livra, o bem nos granjeia.

Ostenta que és Mãe, fazendo
Que os rogos do povo seu
Ouça aquele que, nascendo
Por nós, quis ser Filho teu.

Ó Virgem especiosa,
Toda cheia de ternura,
Extintos nossos pecados,
Dá-nos pureza e brandura.

Dá-nos uma vida pura,
Põe-nos em via segura,
Para que a Jesus gozemos,
E sempre nos alegremos.

A Deus Pai veneremos,
A Jesus Cristo também.
E ao Espírito Santo; demos
Aos três um louvor. Amém.

1ª SEMANA
Pedir o conhecimento de si mesmo
- Ladainha do Espírito Santo
- Ladainha de Nossa Senhora
- Ave Maris Stella

LADAINHA DO ESPÍRITO SANTO

Senhor, **tende piedade de nós.**
Jesus Cristo, **tende piedade de nós.**
Senhor, **tende piedade de nós.**

Divino Espírito Santo, **ouvi-nos.**
Espírito Paráclito, **atendei-nos.**

Deus Pai dos céus, **tende piedade de nós.**
Deus Filho, redentor do mundo,
Deus Espírito Santo,
Santíssima Trindade, que sois um só Deus,
Espírito da verdade,
Espírito da sabedoria,
Espírito da inteligência,
Espírito da fortaleza,
Espírito da piedade,
Espírito do bom conselho,
Espírito da ciência,
Espírito do santo temor,
Espírito da caridade,
Espírito da alegria,
Espírito da paz,
Espírito das virtudes,
Espírito de toda graça,
Espírito da adoção dos filhos de Deus,
Purificador das nossas almas,
Santificador e guia da Igreja Católica,
Distribuidor dos dons celestes,
Conhecedor dos pensamentos e das intenções do coração,
Doçura dos que começam a Vos servir,

Coroa dos perfeitos,
Alegria dos anjos,
Luz dos patriarcas,
Inspiração dos profetas,
Palavra e sabedoria dos apóstolos,
Vitória dos mártires,
Ciência dos confessores,
Pureza das virgens,
Unção de todos os santos,

Sede-nos propício, **perdoai-nos, Senhor.**
Sede-nos propício, **atendei-nos, Senhor.**

De todo o pecado, **livrai-nos, Senhor.**
De todas as tentações e ciladas do demônio,
De toda a presunção e desesperação,
Do ataque à verdade conhecida,
Da inveja da graça fraterna,
De toda a obstinação e impenitência,
De toda a negligência e tepor do espírito,
De toda a impureza da mente e do corpo,
De todas as heresias e erros,
De todo o mau espírito,
Da morte má e eterna,
Pela Vossa eterna procedência do Pai e do Filho,
Pela milagrosa conceição do Filho de Deus,
Pela Vossa descida sobre Jesus Cristo batizado,
Pela Vossa santa aparição na transfiguração do Senhor,
Pela Vossa vinda sobre os discípulos do Senhor,
No dia do juízo,

Ainda que pecadores, **nós Vos rogamos, ouvi-nos.**
Para que nos perdoeis,
Para que Vos digneis vivificar e santificar todos os membros da Igreja,
Para que Vos digneis conceder-nos o dom da verdadeira piedade, devoção e oração,
Para que Vos digneis inspirar-nos sinceros afetos de misericórdia e de caridade,
Para que Vos digneis criar em nós um espírito novo e um coração puro,
Para que Vos digneis conceder-nos verdadeira paz e tranquilidade no coração,
Para que Vos digneis fazer-nos dignos e fortes, para suportar as perseguições pela justiça,
Para que Vos digneis confirmar-nos em Vossa graça,
Para que Vos digneis receber-nos o número dos Vossos eleitos,
Para que Vos digneis ouvir-nos,
Espírito de Deus,

Cordeiro de Deus que tirais o pecado do mundo, **enviai-nos o Espírito Santo.**
Cordeiro de Deus que tirais o pecado do mundo, **mandai-nos o Espírito prometido do Pai.**
Cordeiro de Deus que tirais o pecado do mundo, **dai-nos o Espírito bom.**

Espírito Santo, **ouvi-nos.**
Espírito Consolador, **atendei-nos.**

V. Enviai o Vosso Espírito e tudo será criado.
R. E renovareis a face da terra.

Oremos: Ó Deus que instruíste os corações dos Vossos fiéis, com a luz do Espírito Santo, fazei que apreciemos retamente todas as coisas, segundo o mesmo Espírito, e gozemos sempre de Sua consolação, por Cristo, Senhor Nosso. Amém.

LADAINHA DE NOSSA SENHORA

Senhor, **tende piedade de nós.**
Jesus Cristo, **tende piedade de nós.**
Senhor, **tende piedade de nós.**

Jesus Cristo, **ouvi-nos.**
Jesus Cristo, **atendei-nos.**

Deus Pai do Céu, **tende piedade de nós.**
Deus filho redentor do mundo,
Deus Espírito Santo,
Santíssima Trindade que sois um só Deus.

Santa Maria, **rogai por nós.**
Santa Mãe de Deus,
Santa virgem das virgens,
Mãe de Jesus Cristo,
Mãe da divina graça,
Mãe puríssima,
Mãe castíssima,
Mãe imaculada,
Mãe intacta,
Mãe amável,
Mãe admirável,
Mãe do bom conselho,
Mãe do Criador,

Mãe do Salvador,
Mãe da Igreja,
Virgem prudentíssima,
Virgem venerável,
Virgem louvável,
Virgem poderosa,
Virgem benigna,
Virgem fiel,
Espelho de justiça,
Sede da sabedoria,
Causa de nossa alegria,
Vaso espiritual,
Vaso honorífico,
Vaso insigne de devoção,
Rosa mística,
Torre de Davi,
Torre de marfim,
Casa de ouro,
Arca da aliança,
Porta do Céu,
Estrela da manhã,
Saúde dos enfermos,
Refúgio dos pecadores,
Consoladora dos aflitos,
Auxílio dos cristãos,
Rainha dos anjos,
Rainha dos patriarcas,
Rainha dos profetas,
Rainha dos apóstolos,
Rainha dos mártires,
Rainha dos confessores,

Rainha das virgens,
Rainha de todos os santos,
Rainha concebida sem pecado original,
Rainha assunta ao Céu,
Rainha do santo rosário,
Rainha das famílias,
Rainha da paz,

Cordeiro de Deus, que tirais o pecado do mundo,
perdoai-nos Senhor.
Cordeiro de Deus, que tirais o pecado do mundo,
ouvi-nos Senhor.
Cordeiro de Deus, que tirais o pecado do mundo,
tende piedade de nós.

V. Rogai por nós, Santa Mãe de Deus.
R. Para que sejamos dignos das promessas de Cristo. Amém.

Oremos:
Suplicante Vos rogamos, Senhor Deus, que concedais aos Vossos servos lograr perpétua saúde do corpo e da alma; e que, pela intercessão gloriosa da bem-aventurada sempre Virgem Maria sejamos livres da presente tristeza e gozemos da eterna alegria, por Cristo Nosso Senhor.
Amém.
• *Ave Maris Stella (p. 121)*

2ª SEMANA
Pedir o conhecimento da Virgem Maria
• Ladainha do Espírito Santo (p. 123)

- Ave Maris Stella (p. 121)
- Rosário ou no mínimo 1 Terço (p. 138)

3ª SEMANA
Pedir o conhecimento de Nosso Senhor
- Ladainha do Espírito Santo (p. 123)
- Ave Maris Stella (p. 121)
- Oração de Santo Agostinho (p. 129)
- Ladainha do Santíssimo Nome de Jesus (p. 130)
- Ladainha do Sagrado Coração de Jesus (p. 132)

ORAÇÃO DE SANTO AGOSTINHO
Vós sois, ó Jesus, o Cristo, meu Pai santo, meu Deus misericordioso, meu Rei infinitamente grande; sois meu bom pastor, meu único mestre, meu auxílio cheio de bondade, meu bem-amado de uma beleza maravilhosa, meu pão vivo, meu sacerdote eterno, meu guia para a pátria, minha verdadeira luz, minha santa doçura, meu reto caminho, sapiência minha preclara, minha pura simplicidade, minha paz e concórdia; sois, enfim, toda a minha salvaguarda, minha herança preciosa, minha eterna salvação.
Ó Jesus Cristo, amável Senhor, por que, em toda a minha vida, amei, por que desejei outra coisa senão Vós? Onde estava eu quando não pensava em Vós? Ah! Que, pelo menos, a partir deste momento meu coração só deseje a Vós e por Vós se abrase, Senhor Jesus! Desejos de minha alma, correi, que já bastante tardastes; apressai-Vos para o fim a que aspirais; buscai em verdade aquele que procurais. Ó Jesus, anátema seja quem não Vos ama. Aquele que não Vos ama seja repleto de amarguras. Ó doce Jesus, sede o amor, as delícias, a admiração de todo coração dignamente consagrado à Vossa glória. Deus de meu coração e minha partilha, Jesus Cristo, que em Vós meu coração desfaleça, e sede Vós mesmo a minha vida. Acenda-se em minha alma a brasa ardente de Vosso amor e se converta num incêndio todo divino, a arder para sempre no altar de meu coração; que inflame o íntimo

do meu ser, e abrase o âmago de minha alma; para que no dia de minha morte eu apareça diante de Vós inteiramente consumido em Vosso amor. Amém.

LADAINHA DO SANTÍSSIMO NOME DE JESUS

Senhor, **tende piedade de nós.**
Jesus Cristo, **tende piedade de nós.**
Senhor, **tende piedade de nós.**

Jesus Cristo, **ouvi-nos.**
Jesus Cristo, **atendei-nos.**

Pai Celeste, que sois Deus, **tende piedade de nós.**
Filho, Redentor do mundo, que sois Deus,
Santíssima Trindade, que sois um só Deus,
Jesus, filho de Deus vivo,
Jesus, pureza da luz eterna,
Jesus, rei da glória,
Jesus, sol de justiça,
Jesus, filho da Virgem Maria,
Jesus, amável,
Jesus, admirável,
Jesus, Deus forte,
Jesus, pai do futuro século,
Jesus, anjo do grande conselho,
Jesus, poderosíssimo,
Jesus, pacienciosíssimo,
Jesus, obedientíssimo,
Jesus, manso e humilde de coração,
Jesus, amante da castidade,
Jesus, amador nosso,
Jesus, Deus da Paz,
Jesus, autor da vida,
Jesus, exemplar das virtudes,
Jesus, zelador das almas,

Jesus, nosso refúgio,
Jesus, pai dos pobres,
Jesus, tesouro dos fiéis,
Jesus, boníssimo pastor,
Jesus, luz verdadeira,
Jesus, sabedoria eterna,
Jesus, bondade infinita,
Jesus, nosso caminho e nossa vida,
Jesus, alegria dos anjos,
Jesus, rei dos patriarcas,
Jesus, mestre dos apóstolos,
Jesus, doutor dos evangelistas,
Jesus, fortaleza dos mártires,
Jesus, luz dos confessores,
Jesus, pureza das virgens,
Jesus, coroa de todos os santos,

Sede-nos propício, **perdoai-nos, Jesus.**
Sede-nos propício, **ouvi-nos, Jesus.**

De todo o mal, **livrai-nos, Jesus.**
De todo o pecado,
De Vossa ira,
Das ciladas do demônio,
Do espírito da impureza,
Da morte eterna,
Do desprezo das Vossas inspirações,
Pelo mistério da Vossa Santa Encarnação,
Pela Vossa natividade,
Pela Vossa infância,
Pela Vossa santíssima vida,
Pelos Vossos trabalhos,
Pela Vossa agonia e paixão,
Pela Vossa cruz e desamparo,
Pelas Vossas angústias,

Pela Vossa morte e sepultura,
Pela Vossa ressurreição,
Pela Vossa ascensão,
Pela Vossa instituição da Santíssima Eucaristia,
Pelas Vossas alegrias,
Pela Vossa glória,

Cordeiro de Deus, que tirais o pecado do mundo,
perdoai-nos, Jesus.
Cordeiro de Deus, que tirais o pecado do mundo,
ouvi-nos, Jesus.
Cordeiro de Deus, que tirais o pecado do mundo,
tende piedade de nós, Jesus.

Jesus**, ouvi-nos.**
Jesus**, atendei-nos.**

Oremos: Senhor Jesus Cristo, que dissestes: "Pedi e recebereis, buscai e achareis, batei e abrir-se-vos-á", nós Vos suplicamos que concedei a nós, que Vos pedimos, os sentimentos afetivos de Vosso divino amor, a fim de que nós Vos amemos de todo o coração e que esse amor transcenda por nossas ações. Permiti que tenhamos sempre, Senhor, um igual temor e amor pelo Vosso Santo Nome, pois não deixais de governar aqueles que estabeleceis na firmeza do Vosso amor. Vós que viveis e reinais para todo o sempre. Amém.

LADAINHA DO SAGRADO CORAÇÃO DE JESUS
Senhor, **tende piedade de nós.**
Jesus Cristo, **tende piedade de nós.**
Senhor, **tende piedade de nós.**

Jesus Cristo, **ouvi-nos.**
Jesus Cristo, **atendei-nos.**

Pai celeste, que sois Deus, **tende piedade de nós.**
Filho, Redentor do mundo, que sois Deus,
Espírito Santo, que sois Deus,
Santíssima Trindade, que sois um só Deus,

Coração de Jesus, Filho do Pai eterno, **tende piedade de nós.**
Coração de Jesus, formado pelo Espírito Santo no seio da Virgem Mãe,
Coração de Jesus, unido substancialmente ao Verbo de Deus,
Coração de Jesus, de majestade infinita,
Coração de Jesus, templo santo de Deus,
Coração de Jesus, tabernáculo do Altíssimo,
Coração de Jesus, casa de Deus e porta do Céu,
Coração de Jesus, fornalha ardente de caridade,
Coração de Jesus, receptáculo de justiça e de amor,
Coração de Jesus, cheio de bondade e de amor,
Coração de Jesus, abismo de todas as virtudes,
Coração de Jesus, digníssimo de todo o louvor,
Coração de Jesus, Rei e centro de todos os corações,
Coração de Jesus, no qual estão todos os tesouros da sabedoria e ciência,
Coração de Jesus, no qual habita toda a plenitude da divindade,
Coração de Jesus, no qual o Pai põe todas as Suas complacências,
Coração de Jesus, de cuja plenitude todos nós participamos,
Coração de Jesus, desejo das colinas eternas,
Coração de Jesus, paciente e de muita misericórdia,
Coração de Jesus, rico para todos que Vos invocam,
Coração de Jesus, fonte de vida e santidade,
Coração de Jesus, propiciação por nossos pecados,
Coração de Jesus, saturado de opróbrios,
Coração de Jesus, esmagado de dor por causa dos nossos pecados,
Coração de Jesus, feito obediente até a morte,
Coração de Jesus, transpassado pela lança,
Coração de Jesus, fonte de toda consolação,
Coração de Jesus, nossa vida e ressurreição,
Coração de Jesus, nossa paz e reconciliação,
Coração de Jesus, vítima dos pecadores,

Coração de Jesus, salvação dos que em Vós esperam,
Coração de Jesus, esperança dos que morrem em Vós,
Coração de Jesus, delícias de todos os santos,

Cordeiro de Deus, que tirais o pecado do mundo,
perdoai-nos, Senhor.
Cordeiro de Deus, que tirais o pecado do mundo,
ouvi-nos, Senhor.
Cordeiro de Deus, que tirais o pecado do mundo,
tende piedade de nós, Senhor.

V. Jesus, manso e humilde de coração,
R. Fazei o nosso coração semelhante ao Vosso.

Oremos:
Deus eterno e todo-poderoso, olhai para o Coração do Vosso diletíssimo Filho e para os louvores e satisfações que Ele, em nome dos pecadores, Vos tem tributado; e, deixando-Vos aplacar, perdoai aos que imploram a Vossa misericórdia, em nome de Vosso mesmo Filho, Jesus Cristo, que Convosco vive e reina na unidade do Espírito Santo, por todos os séculos dos séculos. Amém.

COROINHA DE NOSSA SENHORA
V. Concedei-me que vos louve, Virgem Sagrada.
R. Dai-me valor contra os vossos inimigos.

Credo

I - Coroa de Excelência
Pai-Nosso
Ave-Maria

Sois bem-aventurada, Virgem Maria, que levastes em vosso seio o Senhor, Criador do mundo; destes à luz a Quem vos formou, e sois Virgem Perpétua.

V. Alegrai-vos, Virgem Maria.
R. Alegrai-vos mil vezes.

Ave-Maria

Ó Santa e imaculada virgindade, não sei com que louvores vos possa exaltar; pois quem os céus não puderam conter, vós O levastes em vosso seio.

V. Alegrai-vos, Virgem Maria.
R. Alegrai-vos mil vezes.

Ave-Maria

Sois toda formosa, Virgem Maria, e não há mancha original em vós.

V. Alegrai-vos, Virgem Maria.
R. Alegrai-vos mil vezes.

Ave-Maria

Possuís, ó Virgem Maria, tantos privilégios, quantas são as estrelas no céu.

V. Alegrai-vos, Virgem Maria.
R. Alegrai-vos mil vezes.

Glória ao Pai.

II - Coroa de Poder
Pai-Nosso
Ave-Maria

Glória a vós, imperatriz do céu, conduzi-nos convosco aos gozos do paraíso.

V. Alegrai-vos, Virgem Maria.
R. Alegrai-vos mil vezes.

Ave-Maria

Glória a vós, tesoureira das graças do Senhor, dai-nos parte no vosso tesouro.

V. Alegrai-vos, Virgem Maria.
R. Alegrai-vos mil vezes.

Ave-Maria

Glória a vós, medianeira entre Deus e os homens, tornai-nos propício o Todo-poderoso.

V. Alegrai-vos, Virgem Maria.
R. Alegrai-vos mil vezes.

Ave-Maria

Glória a vós, que esmagais as heresias e o demônio: sede nossa guia piedosa.

V. Alegrai-vos, Virgem Maria.
R. Alegrai-vos mil vezes.

Glória ao Pai.

III - Coroa de Bondade
Pai-Nosso
Ave-Maria

Glória a vós, refúgio dos pecadores; intercedei por nós junto do Senhor.

V. Alegrai-vos, Virgem Maria.
R. Alegrai-vos mil vezes.

Ave-Maria

Glória a vós, Mãe dos órfãos; fazei que nos seja propício o Pai Todo-Poderoso.

V. Alegrai-vos, Virgem Maria.
R. Alegrai-vos mil vezes.

Ave-Maria

Glória a vós, alegria dos justos; conduzi-nos convosco às alegrias do Céu.

V. Alegrai-vos, Virgem Maria.
R. Alegrai-vos mil vezes.

Ave-Maria

Glória a vós, nossa auxiliadora mui prestimosa na vida e na morte; conduzi-nos convosco para o reino do Céu.

V. Alegrai-vos, Virgem Maria.
R. Alegrai-vos mil vezes.

Glória ao Pai.

Oremos:
Ave, Maria, Filha de Deus Pai; Ave, Maria, Mãe de Deus Filho; Ave, Maria, Esposa do Espírito Santo; Ave, Maria, templo da Santíssima Trindade; Ave, Maria, Senhora minha, meu bem, meu amor, rainha do meu coração, Mãe, vida, doçura e esperança minha mui querida, meu coração e minha alma. Sou todo vosso, e tudo o que possuo é vosso, ó Virgem sobre todos bendita. Esteja, pois, a mim a vossa alma para engrandecer o Senhor; esteja em mim vosso espírito para rejubilar em Deus. Colocai-vos, ó Virgem fiel, como selo sobre o meu coração, para que, em vós e por vós, seja eu achado fiel a Deus. Concedei, ó Mãe de misericórdia, que me encontre no número daqueles que amais, ensinais, guiais, sustentais e protegeis como filhos. Fazei que, por vosso amor, despreze todas as consolações da terra e aspire só as celestes; até que, para glória do Pai, Jesus Cristo, vosso Filho, seja formado em mim, pelo Espírito Santo, vosso Esposo fidelíssimo, e por vós, sua Esposa mui fiel. Assim seja.

SUB TUUM
À Vossa Proteção
À Vossa proteção recorremos, Santa Mãe de Deus; não desprezeis as nossas súplicas em nossas necessidades; mas livrai-nos sempre de todos os perigos, ó Virgem gloriosa e bendita. Amém.

ROSÁRIO

Sinal da Cruz
Oferecimento
Uno-me a todos os santos que estão no Céu, a todos os justos que estão sobre a Terra, a todas as almas fiéis que estão neste lugar. Uno-me a Vós, meu Jesus, para louvar dignamente Vossa Santa Mãe, e louvar-Vos a Vós, Nela e por Ela. Renuncio a todas as distrações que me vierem durante este Rosário, que quero recitar com modéstia, atenção e devoção, como se fosse

o último da minha vida.
Nós Vos oferecemos, Trindade Santíssima, este Credo, para honrar os mistérios todos de nossa Fé; este Pater (Pai Nosso) e estas três Ave-Marias, para honrar a unidade de Vossa essência e a trindade de Vossas pessoas. Pedimos-Vos uma fé viva, uma esperança firme e uma caridade ardente. Assim seja.

Credo – Pai-Nosso - 3 Ave-Marias - Glória ao Pai

Mistérios Gozosos

Segunda e Sábado

1º Mistério
Nós Vos oferecemos, Senhor Jesus, esta primeira dezena, em honra de Vossa Encarnação no seio de Maria; e Vos pedimos, por este mistério e por intercessão dela, uma profunda humildade. Assim seja.
1 Pai Nosso - 10 Ave-Marias - Glória ao Pai

Ó Meu Jesus, perdoai-nos, livrai-nos do fogo do inferno. Levai as almas todas para o Céu e socorrei as que mais precisarem.
Graças ao mistério da Encarnação, descei em nossas almas. Assim seja.

2º Mistério
Nos Vos oferecemos, Senhor Jesus, esta segunda dezena, em honra da visitação de Vossa santa Mãe à sua prima santa Isabel e da santificação de São João Batista; e Vos pedimos, por esse mistério e pela intercessão de Vossa Mãe Santíssima, a caridade para com o nosso próximo. Assim seja.
Pai Nosso - 10 Ave-Marias - Glória - Ó Meu Jesus
Graças ao mistério da visitação, descei em nossas almas. Assim seja.

3º Mistério

Nós Vos oferecemos, Senhor Jesus, esta terceira dezena, em honra ao Vosso nascimento no estábulo de Belém; e Vos pedimos, por este mistério e pela intercessão de Vossa Mãe Santíssima, o desapego dos bens terrenos e o amor da pobreza. Assim seja.
1 Pai Nosso - 10 Ave-Marias - Glória ao Pai - Ó Meu Jesus
Graças ao mistério do Nascimento de Jesus, descei em nossas almas. Assim seja.

4º Mistério

Nós Vos oferecemos, Senhor Jesus, esta quarta dezena, em honra de Vossa apresentação ao templo, e da purificação de Maria; e Vos pedimos, por este mistério e por intercessão dela, uma grande pureza de corpo de alma. Assim seja.
1 Pai Nosso - 10 Ave-Marias - Glória ao Pai - Ó Meu Jesus
Graças ao mistério da purificação, descei em nossas almas. Assim seja.

5º Mistério

Nós Vos oferecemos, Senhor Jesus, esta quinta dezena, em honra ao Vosso reencontro por Maria; e Vos pedimos, por este mistério e por intercessão dela, a verdadeira sabedoria.
1 Pai Nosso - 10 Ave-Marias - Glória ao Pai - Ó Meu Jesus
Graças ao mistério do reencontro de Jesus, descei em nossas almas. Assim seja.

Mistérios Dolorosos

Terça e Sexta-feira

6º Mistério

Nós Vos oferecemos, Senhor Jesus, esta sexta dezena, em honra a Vossa agonia mortal no Jardim das Oliveiras; e Vos pedimos, por este mistério e pela intercessão de Vossa Mãe Santíssima, a

contrição de nossos pecados. Assim seja.
1 Pai Nosso - 10 Ave-Marias - Glória ao Pai - Ó Meu Jesus
Graças ao mistério da agonia de Jesus, descei em nossas almas. Assim seja.

7º Mistério
Nós Vos oferecemos, Senhor Jesus, esta sétima dezena, em honra a Vossa sangrenta flagelação; e Vos pedimos, por este mistério e pela intercessão de Vossa Mãe santíssima, a mortificação de nossos sentidos. Assim seja.
1 Pai Nosso - 10 Ave-Marias - Glória ao Pai - Ó Meu Jesus
Graças ao mistério da flagelação de Jesus, descei em nossas almas. Assim seja.

8º Mistério
Nós Vos oferecemos, Senhor Jesus, esta oitava dezena, em honra de Vossa coroação de espinhos; e Vos pedimos por este mistério e pela intercessão de Vossa Mãe Santíssima, o desprezo do mundo. Assim seja.
1 Pai Nosso - 10 Ave-Marias - Glória ao Pai - Ó Meu Jesus
Graças ao mistério da coroação de espinhos, descei em nossas almas. Assim seja.

9º Mistério
Nós Vos oferecemos, Senhor Jesus, esta nona dezena, em honra do carregamento da Cruz; e Vos pedimos, por este mistério e pela intercessão de Vossa Mãe Santíssima, a paciência em todas as nossas cruzes. Assim seja.
1 Pai-Nosso - 10 Ave-Marias - Glória ao Pai - Ó Meu Jesus
Graças ao mistério do carregamento da cruz, descei em nossas almas. Assim seja.

10º Mistério
Nós Vos oferecemos, Senhor Jesus, esta décima dezena, em honra a Vossa crucificação e morte ignominiosa sobre o calvário; e Vos pedimos por este mistério e pela intercessão de Vossa

Mãe Santíssima, a conversão dos pecadores, a perseverança dos justos e o alívio das almas do purgatório. Assim seja.
1 Pai-Nosso - 10 Ave-Marias - Glória ao Pai - Ó Meu Jesus
Graças ao mistério da crucificação de Jesus, descei em nossas almas. Assim seja.

Mistérios Gloriosos

Quarta-feira e Domingo

11º Mistério
Nós Vos oferecemos, Senhor Jesus, esta décima primeira dezena, em honra a Vossa ressurreição gloriosa; e Vos pedimos, por este mistério e pela intercessão de Vossa Mãe Santíssima, o amor a Deus e o fervor ao Vosso serviço. Assim seja.
1 Pai-Nosso - 10 Ave-Marias - Glória ao Pai - Ó Meu Jesus
Graças ao mistério da Ressurreição, descei em nossas almas. Assim seja.

12º Mistério
Nós Vos oferecemos, Senhor Jesus, esta décima segunda dezena, em honra a Vossa triunfante ascensão; e Vos pedimos, por este mistério e pela intercessão de Vossa Mãe Santíssima, um ardente desejo do Céu, nossa cara pátria. Assim seja.
1 Pai-Nosso - 10 Ave-Marias - Glória ao Pai - Ó Meu Jesus
Graças ao mistério da Ascensão descei, em nossas almas. Assim seja.

13º Mistério
Nós Vos oferecemos, Senhor Jesus, esta décima terceira dezena, em honra do mistério de Pentecostes; e Vos pedimos, por este mistério e pela intercessão de Vossa Mãe Santíssima, a descida do Espírito Santo em nossas almas. Assim seja.
1 Pai-Nosso - 10 Ave-Marias - Glória ao Pai - Ó Meu Jesus
Graças ao mistério de Pentecostes, descei em nossas almas. Assim seja.

14º Mistério
Nós Vos oferecemos, Senhor Jesus, esta décima quarta dezena, em honra da ressurreição e triunfal assunção de Vossa Mãe ao Céu; e Vos pedimos, por este mistério e por intercessão dela, uma terna devoção a tão boa Mãe. Assim seja.
1 Pai-Nosso - 10 Ave-Marias - Glória ao Pai - Ó Meu Jesus
Graças ao mistério da assunção, descei em nossas almas. Assim seja.

15º Mistério
Nós Vos oferecemos, Senhor Jesus esta décima quinta dezena, em honra da coroação gloriosa de Vossa Mãe Santíssima no Céu; e Vos pedimos, por este mistério e por intercessão dela, a perseverança na graça e a coroa da glória. Assim seja.
1 Pai-Nosso - 10 Ave-Marias - Glória ao Pai - Ó Meu Jesus
Graças ao mistério da coroação gloriosa de Maria, descei em nossas almas. Assim seja.

Mistérios Luminosos

Quinta-feira
(Mistério acrescentado e adaptado, pois na época de São Luís, esse mistério ainda não era contemplado. Mistério Luminosos acrescentados em 2002)

16º Mistério
Nós Vos oferecemos, Senhor Jesus, esta décima sexta dezena, em honra de Vosso batismo no Rio Jordão e Vos pedimos, por este mistério e pela intercessão de Vossa Mãe Santíssima, a graça de viver todas as promessas do nosso batismo. Assim seja.
1 Pai-Nosso - 10 Ave-Marias - Glória ao Pai - Ó Meu Jesus
Graças ao mistério do Batismo no Rio Jordão, descei em nossas almas. Assim seja.

17º Mistério
Nós Vos oferecemos, Senhor Jesus, esta décima sétima dezena, em honra a Vossa autorrevelação nas Bodas de Caná; e Vos pedimos, por este mistério e pela intercessão de Vossa Mãe Santíssima, a graça de sermos obedientes em tudo a Vossa Mãe Celeste. Assim seja.
1 Pai-Nosso - 10 Ave-Marias - Glória ao Pai - Ó Meu Jesus
Graças ao mistério da autorrevelação, descei em nossas almas. Assim seja.

18º Mistério
Nós Vos oferecemos, Senhor Jesus, esta décima oitava dezena, em honra do anúncio do Reino e o convite à conversão; e Vos pedimos, por este mistério e pela intercessão de Vossa Mãe Santíssima, a graça de uma coragem e ousadia apostólicas. Assim seja.
1 Pai-Nosso - 10 Ave-Marias - Glória ao Pai - Ó Meu Jesus
Graças ao mistério do anúncio do Reino, descei em nossas almas. Assim seja.

19º Mistério
Nós Vos oferecemos, Senhor Jesus, esta décima nona dezena, em honra de Vossa transfiguração no Monte Tabor; e Vos pedimos, por este mistério e por intercessão de Vossa Mãe Santíssima, a graça de um dia contemplarmos a Vossa glória. Assim seja.
1 Pai-Nosso - 10 Ave-Marias - Glória ao Pai - Ó Meu Jesus
Graças ao mistério da Transfiguração, descei em nossas almas. Assim seja.

20º Mistério
Nós Vos oferecemos, Senhor Jesus esta vigésima dezena, em honra da instituição da Eucaristia; e Vos pedimos, por este mistério e por intercessão de Vossa Mãe Santíssima, a graça de bem participarmos da Santa Missa. Assim seja.

1 Pai-Nosso - 10 Ave-Marias - Glória ao Pai - Ó Meu Jesus
Graças aos mistérios da instituição da Eucaristia, descei em nossas almas. Assim seja.

Oração Final

Eu vos saúdo, Maria, Filha bem-amada do eterno Pai, Mãe admirável do Filho, Esposa mui fiel do Espírito Santo, templo augusto da Santíssima Trindade; eu vos saúdo, soberana Princesa, a quem tudo está submisso no Céu e na Terra; eu vos saúdo, seguro refúgio dos pecadores, nossa Senhora da Misericórdia, que jamais repelistes pessoa alguma. Pecador que sou, me prostro a vossos pés, e vos peço de me obter de Jesus, vosso amado Filho, a contrição e o perdão de todos os meus pecados, e a divina sabedoria. Eu me consagro todo a Vós, com tudo que possuo. Eu Vos tomo, hoje, por minha Mãe e Senhora. Tratai-me, pois, como o último de vossos filhos e o mais obediente de vossos escravos. Atendei, minha Princesa, atendei aos suspiros de um coração que deseja amar-vos e servir-vos fielmente. Que ninguém diga que, entre todos que a vós recorreram, seja eu o primeiro desamparado. Ó minha esperança, ó minha vida, ó minha fiel e Imaculada Virgem Maria, defendei-me, nutri-me, escutai-me, instruí-me, salvai-me. Assim seja.

Infinitas graças

Infinitas graças vos damos, ó Soberana Rainha, pelos benefícios que todos os dias recebemos de vossas mãos liberais. Dignai-vos, agora e para sempre tomar-nos debaixo do vosso poderoso amparo e para mais vos agradecer, vos saudamos com uma Salve Rainha!

Salve Rainha

Salve Rainha, Mãe de misericórdia, vida, doçura, esperança nossa, salve! A vós bradamos os degredados filhos de Eva, a vós suspiramos, gemendo e chorando neste vale de lágrimas. Eia, pois, Advogada nossa, esses vossos olhos misericordiosos a nós volvei, e depois deste desterro, mostrai-nos Jesus, bendito fruto do vosso ventre. Ó clemente, ó piedosa, ó doce e sempre Virgem Maria. Rogai por nós Santa Mãe de Deus. Para que sejamos dignos das promessas de Cristo.

Amém.

MAGNIFICAT

Minha alma engradece ao Senhor, e meu espírito exulta de alegria em Deus, em meu Salvador. Porque olhou para Sua pobre serva. Por isso, desde agora todas as gerações me chamarão de bem-aventurada, pois o Todo-poderoso fez em mim maravilhas, cujo nome é santo. A Sua Misericórdia se estende de geração em geração, para os que O temem. Assim, ostenta o poder de Seu braço, transtorna os desígnios dos soberbos, derruba os poderosos de seus tronos e exalta os humildes. Enche de bens os famintos e os ricos deixa de mãos vazias. Acolheu a Israel, Seu servo, lembrado de sua misericórdia conforme prometera a nossos pais em favor de Abraão e de sua descendência, para sempre!
Glória ao Pai, ao Filho e ao Espírito Santo. Assim como era no princípio, agora e sempre, e por todos os séculos dos séculos. Amém.

CONSAGRAÇÃO DE SI MESMO
a Jesus Cristo, a Sabedoria encarnada, pelas mãos de Maria

Ó Sabedoria eterna e encarnada! Ó amabilíssimo e adorável Jesus, verdadeiro Deus e verdadeiro homem, Filho Unigênito do Pai Eterno e da sempre Virgem Maria, adoro-Vos profundamente, no seio e nos esplendores do vosso Pai, durante toda a eternidade, e no seio virginal de Maria, vossa Mãe digníssima, no tempo da vossa Encarnação.

Eu Vos dou graças por Vos terdes aniquilado a Vós mesmo, tomando a forma de escravo, para livrar-me do cruel cativeiro do demônio. Eu Vos louvo e glorifico por Vos terdes querido submeter a Maria, vossa Mãe Santíssima, em todas as coisas, a fim de por Ela, tornar-me vosso fiel escravo. Mas, ai de mim, criatura ingrata e infiel! Não cumpri as promessas que Vos fiz solenemente no Batismo. Não cumpri as minhas obrigações; não mereço ser chamado vosso filho, nem vosso escravo, e, como nada há em mim que de Vós não tenha merecido repulsa e cólera, não ouso aproximar-me por mim mesmo da vossa Santíssima e Augustíssima Majestade. É por esta razão que recorro à intercessão de vossa Mãe Santíssima, que me destes por medianeira junto a Vós, e é por este meio que espero obter de Vós a contrição e o perdão dos meus pecados, a aquisição e conservação da sabedoria.

Ave, pois, ó Maria Imaculada, tabernáculo vivo da Divindade, onde a eterna Sabedoria escondida quer ser adorada pelos anjos e pelos homens! Ave, ó Rainha do Céu e da Terra, a cujo Império é submetido tudo o que está abaixo de Deus! Ave, ó seguro refúgio dos pecadores, cuja misericórdia a ninguém falece! Atendei ao desejo que tenho da divina Sabedoria, e recebei, para este fim, os votos e oferendas apresentados pela minha baixeza.

Eu, _____, infiel pecador, renovo e ratifico hoje, em vossas mãos, os votos do Batismo. Renuncio para sempre a satanás, suas pompas e suas obras, e dou-me inteiramente a Jesus Cristo, Sabedoria Encarnada, para segui-Lo, levando a minha Cruz, todos os dias de minha vida. E, a fim de lhe ser mais fiel do que até agora tenho sido, escolho-vos neste dia, ó Maria Santíssima, em presença de toda a Corte Celeste, para minha Mãe e minha Senhora.

Entrego-vos e consagro-vos, na qualidade de escravo, meu corpo e minha alma, meus bens interiores e exteriores, e até o valor das minhas obras boas passadas, presentes e futuras, deixando-vos direito pleno e inteiro de dispor de mim e de tudo o que me pertence, sem exceção, a vosso gosto, para maior glória de Deus, no tempo e na eternidade. Recebei, ó Benigníssima Virgem, esta pequena oferenda de minha escravidão, em união e em honra à submissão que a Sabedoria eterna quis ter à vossa maternidade; em homenagem ao poder que tendes ambos sobre este vermezinho e miserável pecador; em ação de graças pelos privilégios com que vos favoreceu a Santíssima Trindade. Protesto que quero, dora em diante, como vosso verdadeiro escravo, buscar vossa honra e obedecer-Vos em todas as coisas. Ó Mãe Admirável, apresentai-me ao vosso amado Filho na qualidade de escravo perpétuo, para que, tendo-me remido por vós, por vós também me receba favoravelmente. Ó Mãe de Misericórdia, concedei-me a graça de obter a verdadeira Sabedoria de Deus, e de colocar-me, para este fim, no número daqueles que amais, ensinais, guiais, sustentais e protegeis como filhos e escravos vossos. Ó Virgem Fiel, tornai-me em todos os pontos um tão perfeito discípulo, imitador e escravo da Sabedoria encarnada, Jesus Cristo, vosso Filho, que eu chegue um dia, por vossa intercessão e a vosso exemplo, à plenitude de sua idade na Terra e da sua glória no Céu. Assim seja.

Consagração de Padre Jonas à Virgem Maria

Sim, Nossa Senhora! Eis-me aqui. Estou aqui pessoalmente, Maria. Quero me consagrar, dizendo: Sou todo Teu, inteiramente Teu... Agora, como criança necessitada, jogando-me no Teu colo, atirando-me nos Teus braços. Apoiando-me no Teu coração e me escondendo debaixo do Teu manto de Mãe, Te dizendo: Eu Te pertenço, Maria. Sou teu. Todo teu. Coloco-me debaixo da Tua proteção. Renovo, hoje, a minha consagração, Maria, Mãe de Jesus. És minha Mãe. És minha Mestra. És minha Senhora. Senhora que comanda a minha vida e a da Canção Nova. Eu estou totalmente entregue, totalmente dependente daquela que é a minha Senhora, daquela que é a minha Mestra, a minha Mãe. Eu consagro a mim e a minha família, cada um dos seus membros. Sim, Maria, eu apresento cada um. São as pessoas que eu recebi de Deus para cuidar. Consagro-Te cada uma delas. Consagro-as a Ti, Maria, Mãe de Jesus. Amém!

Padre Jonas Abib,
Maio de 1996.

Glossário

Anátema - sentença de maldição que expulsa da Igreja; excomunhão

Devoção - afeição, dedicação e amor a alguém ou algo

Dulia - dependência servidão

Hiperdulia - dependência perfeita, escravidão

Tratado - um acordo entre duas partes, um combinado

Êxtase - estado sobrenatural de intimidade com Deus

Perfeição - algo sem defeitos

Particular - não é público, pertence a uma pessoa

Revelação - quando algo que ninguém sabia é contado

Modéstia - moderação, equilíbrio, não é vaidoso

Mediador - pessoa que fica no meio de duas partes para ajudar a entrar em um acordo

Intercessão - pedido feito para conseguir algo, não para si mesmo, mas para outra pessoa

Consagração - tornar sagrado, dedicar-se a Deus

Fecundar - gerar vida

Exultar - demonstrar grande alegria

Reverência - demonstrar respeito pelo sagrado, por exemplo, inclinar o corpo ao passar na frente do altar

Privilégio - direitos separados para uma pessoa, ou poucas pessoas dentro de um grande grupo

CONVERSA
com Maria

Use estas páginas para suas anotações, suas orações, seus desenhos ou suas cartinhas para Nossa Senhora! Converse com Maria, Ela é Sua Mãe e te ajudará a chegar no Céu!

Tratado da Verdadeira Devoção à Santíssima Virgem para Crianças

Tratado da Verdadeira Devoção à Santíssima Virgem para Crianças

CONVERSA
com Maria

Use estas páginas para suas anotações, suas orações, seus desenhos ou suas cartinhas para Nossa Senhora! Converse com Maria, Ela é Sua Mãe e te ajudará a chegar no Céu!

Tratado da Verdadeira Devoção à Santíssima Virgem para Crianças

Tratado da Verdadeira Devoção à Santíssima Virgem para Crianças

CONVERSA
com Maria

Use estas páginas para suas anotações, suas orações, seus desenhos ou suas cartinhas para Nossa Senhora! Converse com Maria, Ela é Sua Mãe e te ajudará a chegar no Céu!

_____
_____
_____
_____
_____
_____
_____
_____
_____
_____
_____
_____
_____
_____
_____
_____
_____
_____
_____
_____
_____
_____
_____
_____
_____

Tratado da Verdadeira Devoção à Santíssima Virgem para Crianças

Tratado da Verdadeira Devoção à Santíssima Virgem para Crianças

CONVERSA
com Maria

Use estas páginas para suas anotações, suas orações, seus desenhos ou suas cartinhas para Nossa Senhora! Converse com Maria, Ela é Sua Mãe e te ajudará a chegar no Céu!

_____
_____
_____
_____
_____
_____
_____
_____
_____
_____
_____
_____
_____
_____
_____
_____
_____
_____
_____
_____
_____
_____
_____
_____
_____

Tratado da Verdadeira Devoção à Santíssima Virgem para Crianças

Tratado da Verdadeira Devoção à Santíssima Virgem para Crianças

CONVERSA
com Maria

Use estas páginas para suas anotações, suas orações, seus desenhos ou suas cartinhas para Nossa Senhora! Converse com Maria, Ela é Sua Mãe e te ajudará a chegar no Céu!

Tratado da Verdadeira Devoção à Santíssima Virgem para Crianças

CONVERSA
com Maria

Use estas páginas para suas anotações, suas orações, seus desenhos ou suas cartinhas para Nossa Senhora! Converse com Maria, Ela é Sua Mãe e te ajudará a chegar no Céu!

Tratado da Verdadeira Devoção à Santíssima Virgem para Crianças

Tratado da Verdadeira Devoção à Santíssima Virgem para Crianças

CONVERSA
com Maria

Use estas páginas para suas anotações, suas orações, seus desenhos ou suas cartinhas para Nossa Senhora! Converse com Maria, Ela é Sua Mãe e te ajudará a chegar no Céu!

Tratado da Verdadeira Devoção à Santíssima Virgem para Crianças

Tratado da Verdadeira Devoção à Santíssima Virgem para Crianças

CONVERSA
com Maria

Use estas páginas para suas anotações, suas orações, seus desenhos ou suas cartinhas para Nossa Senhora! Converse com Maria, Ela é Sua Mãe e te ajudará a chegar no Céu!

Tratado da Verdadeira Devoção à Santíssima Virgem para Crianças

Tratado da Verdadeira Devoção à Santíssima Virgem para Crianças

CONVERSA
com Maria

Use estas páginas para suas anotações, suas orações, seus desenhos ou suas cartinhas para Nossa Senhora! Converse com Maria, Ela é Sua Mãe e te ajudará a chegar no Céu!

Tratado da Verdadeira Devoção à Santíssima Virgem para Crianças

Tratado da Verdadeira Devoção à Santíssima Virgem para Crianças

CONVERSA
com Maria

Use estas páginas para suas anotações, suas orações, seus desenhos ou suas cartinhas para Nossa Senhora! Converse com Maria, Ela é Sua Mãe e te ajudará a chegar no Céu!

Tratado da Verdadeira Devoção à Santíssima Virgem para Crianças

Tratado da Verdadeira Devoção à Santíssima Virgem para Crianças

CONVERSA
com Maria

Use estas páginas para suas anotações, suas orações, seus desenhos ou suas cartinhas para Nossa Senhora! Converse com Maria, Ela é Sua Mãe e te ajudará a chegar no Céu!

Tratado da Verdadeira Devoção à Santíssima Virgem para Crianças

Tratado da Verdadeira Devoção à Santíssima Virgem para Crianças

CONVERSA
com Maria

Use estas páginas para suas anotações, suas orações, seus desenhos ou suas cartinhas para Nossa Senhora! Converse com Maria, Ela é Sua Mãe e te ajudará a chegar no Céu!

Tratado da Verdadeira Devoção à Santíssima Virgem para Crianças

Tratado da Verdadeira Devoção à Santíssima Virgem para Crianças

CONVERSA
com Maria

Use estas páginas para suas anotações, suas orações, seus desenhos ou suas cartinhas para Nossa Senhora! Converse com Maria, Ela é Sua Mãe e te ajudará a chegar no Céu!

_____
_____
_____
_____
_____
_____
_____
_____
_____
_____
_____
_____
_____
_____
_____
_____
_____
_____
_____
_____
_____
_____
_____

Tratado da Verdadeira Devoção à Santíssima Virgem para Crianças

Tratado da Verdadeira Devoção à Santíssima Virgem para Crianças

PE. FRANCISCO AMARAL

É padre da Arquidiocese de Cuiabá, na Paróquia São João Bosco. Ele é assistente eclesiástico da Renovação Carismática Católica de Cuiabá *(que legal, né?!)*.
Ah! E também é psicólogo, sabe falar muito bem sobre Comunicação, Teologia e Cultura. O que mais gosta de fazer como padre é celebrar a missa e pregar.

Padre Francisco se consagrou à Virgem Maria com 18 anos, no dia 31 de outubro de 2001 (o dia de seu aniversário de batismo) e o lema do seu sacerdócio é uma frase que Maria disse:

"Fazei tudo o que Ele vos disser!"
(João 2,5)

SARAH SABARÁ

É missionária da Comunidade Canção Nova, jornalista e gosta muito de cantar e escrever. Descobriu que Deus a chamou para evangelizar através das artes, e seu maior sonho é ir para o Céu e dançar com Jesus e Maria!

Consagrou-se à Virgem Maria no dia 13 de maio de 2018. Desde esse dia, tornou-se muito amiga de Nossa Senhora e tudo o que faz é por meio Dela! O lema da sua vocação é:

> "Ninguém vos menospreze por seres jovem. Seja um exemplo para os que crêem pela palavra, pela conduta, pelo amor, pela fé, pela castidade."

(1 Timóteo 4,12)